성격이 말하고 싶은 이야기

DISC가 말하는 네 가지 성격의 사연들

김진태, 김혜경, 박소영, 이지선, 조명환 지음

프롤로그 ·

매일 사람들을 만나며 살아간다는 것은 그만큼 사람들을 배울 수 있는 기회가 많다는 것이다. 그런데 사람 사이에서 벌어지는 갈등은 좀처럼 줄어들지 않는다.

갈등은 아마 없앨 수 없는지도 모르겠다. 그렇다면 갈등이 더 커지는 것을 막는 것이 더 효과적이지 않을까? 없앨 수 없다면 줄이는 것이 최선의 방법이 될 것이다. 갈등이 더 커지는 이유는 분명히 있다. 그것의 힌트를 알기 위해서 DISC라는 행동유형 프로그램의 도움을 받고자 한다. DISC에서 말하는 네 가지 성격의 이야기가 갈등이 어떻게 커지는 지를 보여줄 것이다.

단순히 "아무튼 모든 사람들을 이해합시다."를 주장

하고 싶지 않다. 그것은 갈등을 단순히 덮어버리는 것밖에 되지 않는다. 갈등의 진행과정을 좀 더 자세히 살펴본다면 서로의 입장이 이해되고 더 큰 갈등으로 발전되는 것을 막을 수 있다. 그동안 갈등을 자세히 살펴보는 것을 시도하지 않았다면 이제는 진지하게 바라봐야 할 때라고 말하고 싶다.

이 책에서 설명하는 성격은 단 하나의 관점에서 바라보고 쓴 것이 아니다. 네 가지 성격으로 나눠 이야기를 준비했으며, 각 성격의 인물들이 어떻게 생각하고 행동하는지를 보여줄 것이다. 만약 한 가지 성격을 기준으로 내용을 썼다면 "빨리 움직이는 것이 더 좋은 결과물을 만들어 낸다." 또는 "꼼꼼하게 기록하고 분석을 해야 실수를 하지 않는다."처럼 특정 성격이 가장 좋다고 주장했을 것이다.

이 책은 어느 하나의 성격을 주장하지 않는다. 상황에 따라 더 좋게 평가가 되는 성격은 다를 수 있기 때문에 각 상황에서 각 성격들이 어떻게 다른지 구분

하며 읽는다면 그 재미는 훨씬 커진다. 그리고 사람들은 어느 하나의 성격만을 사용하지 않는다. 상황에 따라, 기분에 따라, 대상에 따라 다른 성격을 어떤 기준도 없이 사용한다.

사례 위주의 내용을 담았다. 추상적인 글은 거의 없다. 그래서 읽기 쉽다. 반대로 추상적이지 않아서, 쉽게 이해하며 읽을 수 있는 이야기라서, 가볍게 느끼지 않았으면 좋겠다.

각 이야기를 말하는 사람이 다르다. 어떤 글은 남편을 말하고 또 다른 글은 아내를 언급한다. 현실적인 여러 이야기를 소개하다보니 주인공이 달라지기도 한다. 책을 다 읽고 저자의 의도를 파악하려고 하지 말자. 저자가 말하는 각 이야기의 주제를 파악하는 것이 훨씬 도움이 될 것이다.

가장 이상적인 성격 모델이라는 것은 없다. 정리하여 보여줄 수 없는 다양한 변수들이 섞여 사람의 성격

함수를 만들었다. 너무나 고차원의 함수라서 그 누구도 그 수식을 만들 수가 없다. 아마 아인슈타인도 물리학이 더 쉽다고 하지 않았을까? 왜냐하면 물리학은 수학 계산으로 이론이 정리되지만, 사람의 성격은 아직까지도 단순한 방정식 하나도 나오지 않았기 때문이다.

이 책에서 소개하는 각 유형들의 사연들을 읽으면서 나 자신은 어디에 해당하는지 발견해 보자. 하지만 절대로 그 성격 무리에 들어가 하나의 소속을 만들지는 말자. 그것은 반드시 주의해야 한다. 각 유형들의 이야기를 읽고 네 가지 유형을 다 이해하는 사람이 되기를 바라는 마음으로 이 책을 썼다.

생각보다 쉽게 이 책을 읽을 수 있을 것이다. 그러니 책 읽기를 힘들어하는 사람도 도전해 보자. 앞으로 끊임없이 마주하게 될 갈등상황에서 이 책의 내용은 분명 도움이 될 것이다. 이 책을 함께 쓰는 저자들도 DISC의 네 가지 성격 이야기가 도움이 되었기 때문에 이 책을 쓰기로 마음먹었다. 그리고 원고를 쓰면서 더 배우게 되었고 그 효과를 우리가 먼저 경험했다. 독자에게는 그 이상의 효과를 전해드리고 싶은 마음뿐이다.

어느 순간 발생한 갈등 하나로 며칠 동안 마음 고생을 하게 된다. 이 책의 이야기가 그 괴로움을 줄여줄 수 있을 것이다. 목차의 제목을 보고 궁금한 것 먼저 읽어도 상관없다. 이해해 보고 싶은 글 먼저 읽어보자. 이렇게 읽나 저렇게 읽나 다 읽게 될 것이다.

차례

1부

네 가지 성격 DISC

프롤로그

D type
주도적으로 일하는 사람

I type
사교적으로 관계를 맺는 사람

S type
안정적으로 살아가는 사람

C type
신중하게 따져 보는 사람

2부

D type

30
피드백 사랑

32
학생주임 선생님

34
일적인 거짓말

36
과거의 독재자는 오늘날 충간소음으로 칼을 든다

38
중국 무술이 가짜라는 것을 밝힌 중국인 쉬샤오둥

40
전화 먼저 끊기

42
'하면 된다'와 '해도 안 되는 게 있다'

44
병 주고 약 조금 준 것

46
낚시 워크숍

48
제가 받아 올게요

50
그래서 결과를 만들어냈어요?

52
승부욕

53
주도력을 가장한 독단

55
제가 알아서 할게요

57
포기하게 되는 마음

59
결론은 바뀌지 않아

61
단체 산행

63
웬만하면 옆에 태우지 말 것

65
나쁜 공격자

67
그걸 왜 나한테 물어봐

3부

I type

74
허풍의 효과

75
그 사람 만났어도, 맞지
않아서 금방 헤어졌을거야

77
모험이 주는 삶의 재미

79
홈쇼핑에서 주로
구입하는 사람

81
돈을 모으기 힘든 사람

83
재미있는 사람이 결혼에
성공하지 못하는 이유

85
운동을 하지 말자

87
자신의 약점 드러내기

89
약속을 여러 개 잡지 말라고

91
연료가 다 떨어졌어요

93
지금 말 안 하면 까먹으니까

94
호기심의 안테나

95
어색함을 깰 사람

97
'다음에 함께 할게요' 라고
말해

99
개그 자신감 회복하기 위한
방법

101
하나라도 제대로 잡았어야
했는데

103
이상한 홍익인간

105
혼자 가니까 재미없더라

107
나 요즘 혼술하고 있어

109
네버 엔딩 제안

4부

S type

114
부모에게 반드시 필요한 것

115
자율성

117
집요해서 싫어요

119
코로나가 삶을 바꾼다

121
「응답하라 1988」에서
가장 매력적인 유형

124
이사가 싫어요

125
피트니스센터에 오지 않는다

128
가장 효과적인
기다림의 전략

131
이유를 모르는 방 탈출

133
익숙한 길 두 개

135
나의 기호 말하기

137
겹치는 약속

139
거절을 하지 못하고
퇴사를 선택했다

141
말한다고 안 잡아먹어

143
적막만 흐르는 가족회의

145
비대면이 좋아요

147
친구의 결혼식 연락

149
어린이집 교사

151
나보고 어떡하라고?

154
제가 맨 뒤로 갈게요

5부

C type

158
그것이 정말 감사할 일인지

160
결정적 한 방의 질문

163
다른 관점도 있겠지만

165
소중한 내 정보

167
청소는 기본

169
이런 걸 질문하는 사람은 손님이 처음이에요

171
진땀을 빼는 미팅

173
먼저 자신의 속마음을 드러내지 않는 사람

175
스포츠팀의 리더

177
인터넷 장의사

179
명절에 DISC 진단을 하다

181
다름 인정과 틀림 평가는 다르다

183
일본 사람

185
얹혀사는 것

187
콜라겐

189
빅데이터와 미신

192
심플라이프

194
사소한 대화는 힘들어요

196
맞춤법

197
출처가 없네요

1부

네 가지 성격 DISC

·

D type
주도적으로 일하는 사람

I type
사교적으로 관계를 맺는 사람

S type
안정적으로 살아가는 사람

C type
신중하게 따져 보는 사람

주도적으로 일하는 사람

D type
dominant

나는 주도적으로 일하는 사람이다. 강한 주장을 함으로 내가 하고 싶은 일은 반드시 해내는 스타일이다. 자의식도 강하기 때문에 남의 이야기를 잘 듣지 않을 수 있고, 일하는 과정 가운데 양보는 거의 하지 않는다. 대부분 큰 자신감을 갖고 밀어 붙인다. 안 된다는 생각은 거의 하지 않는다. 매우 도전적으로 일을 하다 보니 실제로 결과물이 많다. 어려움이 나타나도 쉽게 포기를 하지 않는다. 그래서 주변에서는 나를 볼 때 목표지향적인 사람, 경쟁심이 강한 사람이라고 말을 한다.

성격이 급해서 남의 이야기를 끝까지 들어주지 못한다. 타인의 개인적인 이야기가 사소한 이야기로 들리고, 듣는 것 자체가 나에게는 큰 스트레스가 되기도 한다. 그래서 듣다가 중간에 상대의 말을 끊거나 쓸데없는 소리를 하지 말라고 지적을 하기도 한다. 그래서 대화를 할 때 공격적인 모습이 많이 나타나며 사람들은 나에게 독재자와 같다는 말을 하기도 한다. 경청이 중요하다고 말들 한다. 나도 그 중요성을 알지만 경청하는 것이 생각보다 쉽지 않다. 나에게 말할 때에는 서론을 길게 말하지 않았으면 좋겠다.

사교적으로 관계를 맺는 사람

I type
influencing

나는 사교적으로 관계를 맺는 사람이다. 그래서 사람들은 나와 함께 있으면 재미있다고 말을 한다. 난 실제로 사람들에게 웃음을 주기 위해서 재미있는 말을 많이 한다. 그 말 속에는 몽상가적인 내용도 많고 허풍도 많이 섞여 있다. 하지만 거짓말을 하려고 하는 것이 아니라 재미있을 것 같아서 그렇게 말을 한 것뿐이다.

난 웬만하면 부정적으로 바라보지 않는다. 긍정적으로 보고 그렇게 판단을 한다. 좋은 게 좋지 않은가. 나의 낙천적인 모습 때문에 사람들은 나와 함께 있을 때 기분이 좋다고 말을 한다.

갑자기 열정이 솟아올라 하고 싶은 일들이 많이 늘어난다. 나도 나의 이 열정을 자제할 수 없다. 그리고 사실 난 이런 나의 솟아 오르는 열정이 좋다. 즉시 행동으로 옮길 수 있는데 그런 점에서 나에게 할 일들이 점점 많이 늘어난다. 너무 불안정한 계획과 일정이지만 난 즐겁게 이 일들을 해 나가고 있다. 나와 정반대인 사람이 보기에 나의 이런 모습을 충동이라고 말을 한다. 실제로 충동적으로 물건을 많이 구매하기도 하고, 일을 저지르기도 한다. 하지만 난 나의 이런 행동이 충동이 아닌 열정이라고 생각한다.

안정적으로 살아가는 사람

S type
steady

나는 안정적으로 살아가는 사람이다. 어떤 특별한 주변의 주목을 받고 싶지 않다. 웬만하면 거절도 하지 않는다. 그냥 있는 그대로 가기를 원한다. 사람들은 이런 나의 모습 때문에 나의 속을 알 수 없다고 말을 한다. 그래도 난 괜찮다. 그냥 이대로가 좋다. 사람들이 도와달라고 하면 잘 도와 주기도 하고, 긴 이야기를 하면 잘 들어 주기도 한다. 성격이 급한 사람은 나를 보고 참 잘 참는다고 말을 하지만 난 억지로 참는 것이 아니다. 난 그냥 이 모습이 편하다. 사람들은 나를 소극적이다, 착하다 등 다양하게 표현하지만 사실 난 변화가 있는 것을 거부하는 것뿐이다. 그래서 제발 나에게 강요

같은 것을 하지 않았으면 좋겠는데 이 세상은 나에게 많은 강요를 한다. 그래서 그것들을 피해 조용히 살고 있는 중이다. 그래도 여전히 명령이나 지시가 날아온다. 난 여전히 느릿느릿하게 반응한다. 이런 모습 때문에 나를 답답해하는 사람들이 있다. 하지만 나에게 강압적으로 화풀이를 해도 난 여전히 느리게 반응한다. 난 여전히 변화를 좋아하지 않기 때문이다. 항상 익숙한 것을 계속 사용하는 것이 좋다. 그래서 나의 삶은 매우 단조롭다. 나에게 주장을 하라고 요구하지 않았으면 좋겠다. 그럴 때 난 우유부단할 수 밖에 없고, 열정적인 모습이 전혀 나타나지 않는다.

신중하게 따져 보는 사람

C type
conscientious

나는 신중하게 따져 보는 사람이다. 이 세상에는 따져야 할 것들이 너무나 많다. 그럴 때 나는 기준을 갖고 꼼꼼하게 처리한다. 특히 숫자로 따지는 것을 좋아한다. 숫자만큼 꼼꼼한 처리를 가능케 해 주는 것은 없기 때문이다. 그래서 사람들은 내가 엑셀을 엄청 잘하는 사람으로 알고 있다.

무언가를 판단할 때에는 조심스럽게 물어보고 결정을 내린다. 그래서 나에게 성급한 결정을 요구하지 않았으면 좋겠다. 분석을 하려면 시간이 필요하다.

또한 나만의 독립된 공간을 원한다. 사람들이 많은 것은 불편하다.

난 궁금한 것이 많다. 그 궁금한 것을 물어보면 사람들은 내가 마치 꼬투리를 잡는 것으로 생각한다. 나의 예리한 질문에 답변을 하지 못하면서 그것을 내 책임으로 돌린다. 때로는 나보고 너무 생각이 많다고 말을 한다. 너무나 어이없는 상황이다. 내가 비판적이고 예민하다고 하는데 사실 당연히 따져 봐야 하는 것들이다. 근거가 있는 것인지 거짓말인지 따져 봐야 하지 않는가.

예전에는 나보고 까다롭다고 하더니 요즘에는 나에게 조언을 구한다. 내가 질문을 할 때 상대방을 당황스럽게 하려는 의도는 전혀 없다. 난 나의 의문이 해결되면 결정을 할 수 있는 사람이다. 그러니 정확한 답변을 해 주길 바란다.

2부

D type

·

피드백 사랑
학생주임 선생님
일적인 거짓말
과거의 독재자는 오늘날 층간소음으로 칼을 든다
중국 무술이 가짜라는 것을 밝힌 중국인 쉬샤오둥
전화 먼저 끊기
'하면 된다'와 '해도 안 되는 게 있다'
병 주고 약 조금 준 것
낚시 워크숍
제가 받아 올게요
그래서 결과를 만들어냈어요?
승부욕
주도력을 가장한 독단
제가 알아서 할게요
포기하게 되는 마음
결론은 바뀌지 않아
단체 산행
웬만하면 옆에 태우지 말 것
나쁜 공격자
그걸 왜 나한테 물어봐

피드백 사랑

성격이 강한 D형은 타인에게 심한 피드백을 한다. 타인의 장점을 보는 것과 단점을 보는 것 중에서 단점을 주로 본다. 타인의 장점을 알아보는 것은 재능이고 단점을 알아보는 것은 본능이다. 하지만 D형은 타인의 단점을 알아보고 그것을 지적하는 것을 자신만의 능력이라고 생각한다.

자신의 능력을 사용해서 피드백을 해 주니 상대는 고마워해야 한다고 생각한다. 불쾌한 기분을 느끼는 사람에게 기뻐 웃으라는 것이다. 왜냐하면 그것은 사랑이기 때문이다.

상대에 대한 사랑이라고 생각하기에 기회만 되면 직설적인 피드백을 하려고 한다. "오히려 직설적인 것이 낫지 않아요? 저 뒤끝은 없는 사람입니다."라고 말하기도 한다. 하지만 이것은 재능이 아니라 그냥 본능일 뿐이다. 누구나 갖고 있는 본능인데 다른 사람들은 그 본능 사용을 줄인다. D형 혼자만 능력이라고 생각하니 피드백을 해야 하는 자리에는 자신이 꼭 있어야 한다고 생각한다. 그래서 관리자, 평가자, 심사위원에 자신이 적격이라고 말한다. 이 역시 '피드백 사랑'을 표현할 수 있는 기회다. 하지만 상대는 기분이 나쁘고 이런 사람을 절대로 원하지 않는다.

학생주임 선생님

결론부터 말하면 학생주임 선생님은 D형이 할 수밖에 없다.

이 이야기는 요즘 학교의 내용은 아니다. 1990년대의 이야기로 받아들이자.

우리 모두는 원래 '학생주임 선생님'이라는 명칭의 의미가 무엇인지 몰랐다. 수업을 시작하기 전에 꼬투리를 잡아 지적을 하는 선생님 정도로 생각했다. 그 분의 말과 행동을 보고 점점 그 분이 무엇을 하는 선생님인지 알게 되었다. 매번 수업을 바로 시작하지 않고 두발상태, 청소상태, 수업준비, 태도 등을 지적하며 긴장 분위기를 만들고, 마음에 들지 않으면 체벌을 하기도 했다. 다른 선생님들과는 구별되는 권한을 갖고 있는 것은 확실했다.

그 선생님은 분명 악역을 하는 것이 맞다. 그 역할을

수행함으로 월급이 더 많은가 하는 의문도 들어 선생님께 여쭈어 보았다.

"선생님, 학생주임 선생님은 어떻게 뽑아요? 따로 월급이 더 있어요?"

"따로 월급이 더 있지는 않아. 그리고 뽑는 방법은 아주 자연스럽게 이루어진단다. 학기초에 교무실에서 선생님들과 대화를 해 보면 저 선생님이 학생주임을 잘 할거라는 느낌이 와. 물론 나머지 선생님들도 동의하고 최종적으로 추천을 하는 거야."

학교에서 정한 규칙을 학생들에게 강하게 밀어붙이는 선생님이 필요하긴 하다. 그 선생님은 성격이 강해야 한다. 말썽 부리는 아이들을 혼내야 하고, 싫은 소리도 거침없이 할 수 있어야 한다. 이런 선생님의 모습은 D형이다. D형의 특징을 잘 사용하는 선생님은 다른 학교로 이동을 해도 그곳에서 또 학생주임 선생님을 하게 될 가능성이 높다. 누가 학생주임 선생님을 하지 못할까? D형이 낮으면 이런 악역을 하는 것이 불편하다.

일적인 거짓말

일을 잘 하는 사람들은 '일적인 거짓말'을 잘 하기도 한다. 하지만 그것은 그들에게 절대로 거짓말이 아니다. 일을 하다 보면 그것을 성사시키기 위해서 불가능을 가능하다고 말을 해야 할 때가 있다. 그럴 때 거짓말을 하게 된다.

미국의 아이젠하워 대통령이 1952년 12월 겨울에 유엔군 묘지를 방문하게 되었다. 미군쪽에서는 황량한 묘지에 푸른 잔디를 심을 수 있는지 많은 건설사에게 물었고 모두 불가능하다고 말할 때, 정주영 회장만이 가능하다고 말을 했다. 그리고 한겨울에도 푸른 새싹이 돋는 보리싹을 실어와 묘지 주변에 심었다. 보리싹은 잔디가 아니다. 하지만 푸른 잔디처럼 보이도록 했으니 결국 일을 완성한 것이다. 이후 미군 공사는 현대건설의 독무대가 되었다는 후문이 있었다. 잔디 대신 보리를 심은 것은 거짓말이지만 누구에게도 피해를 주지 않았고 오히려 '대단하다'라는 평가를 하게 만들었다. 그런 점에서 D형이 높은 사람들은 불가능이 없는 사람들이다. 하지만 어떻게 불가능이 없겠는가. 그 불가능을 가능하게 만들었으니 얼마나 많은 노력을 했을지 예상이 된다.

'신화'를 남긴 사람들을 보면 이런 D형의 인물들이 많다. 자신의 강한 의지가 결국 모든 것을 가능하게 만들었다. D형의 삶 이야기를 들어 보면 대단한 경험이 끊임없이 나오며, 하루 아침에 지금의 모습이 된 것이 아님을 알 수 있다. 그들이 뱉었던 거짓말은 결국 그들의 의지를 표현한 것이고, 그 의지가 일을 완성하게 만들었다.

과거의 독재자는 오늘날 층간소음으로 칼을 든다

D형을 설명할 때 '독재자'라는 단어가 나온다. 반면에 I, S, C형을 설명할 때에는 독재자란 단어가 나오지 않는다. 이들은 독재자가 되고 싶어도 될 수 없다.

D형은 독재를 할 수 있을 정도의 강한 성격을 갖고 있다. '독재'라는 단어에 초점을 맞추지 말고 '강한 성격'에 맞춰 보자. 자신에게 불편한 상황이 주어지면 이들은 전쟁을 준비한다. 전쟁이라는 단어를 국가 간에 더 많이 사용한다고 생각한다면 개인 간의 보복이나 말싸움의 단어로 확장해서 생각하자.

우리나라는 독재국가가 아니다. 그래서 한국에서는 D형이 독재를 통해 국가를 통치할 수 없다. 그대신 일상의 삶에서는 D형들의 강한 모습을 어렵지 않게 볼 수 있다.

D형의 공격적인 모습은 층간소음으로 불편을 느낄 때 칼을 들고 나가는 모습으로 나타나기도 한다. 칼이라는 단어를 쓰니 너무 극단적이라고 생각하는 이도 있겠지만 실제 벌어진 사건이기 때문에 극단적인 사례도 하나의 사례로 인정해 보자. 이들은 주변의 소음을 자신에 대한 공격으로 받아들이고 결국 칼을 드는 것이다. D형이 아무 때나 처음부터 칼을 들지는 않는다. 그리고 모든 D형이 무조건 칼을 드는 것도 아니다. 하지만 I, S, C형이 보여 주지 않는 공격적인 모습이 있는 것은 확실하다. 스스로 이런 공격적인 모습을 자제한다면 뉴스에 나오는 불미스러운 일은 줄어들 것이다.

중국 무술이 가짜라는 것을 밝힌 중국인 쉬샤오둥

난 중국 무술을 한 때 신비적인 힘의 원천으로, 정의를 위한 해결책으로, 동경하는 영웅들의 특별한 재능으로 생각한 적이 있었다.

중국 무술의 전투력이 실제로 어떻게 되는지 궁금하기도 했지만 정확히 알기는 어려웠다. 기氣로 상대를 제압하는 모습은 무술을 넘어 초능력이 존재한다는 것을 보여 주는 것 같았다.

견고한 중국 무술의 브랜드를 무너뜨리는 중국인 쉬샤오둥. 그는 중국 무술의 고수들을 만나 대결을 하여 그들이 실제로 고수가 아님을 밝힐 뿐만 아니라 그 무술들이 현실적으로 강하지 않음을 보여 주었다. 영화에서는 절대 패하지 않는 황비홍을 기억한다. 그의 제자도 쉽게 제압되는 모습에서 영화「황비

홍」의 감동도 싹 사라지는 기분이 든다.

D형은 도전하는 것을 좋아한다. 도전을 하면서 자신의 능력을 확인할 뿐 아니라 더 발전된 결과물을 만들어 나간다. 그래서 D형의 노력은 우리의 삶을 더 수준 높게 만들어 주기도 한다. 중국 무술 고수들에 대한 쉬샤오둥의 도전은 중국 무술의 발전을 위해서 꼭 필요하다. 신비주의, 민족주의로 덮여 있던 중국 무술의 거품을 걷어내지 않는 이상 그 이상으로 나아갈 수는 없다. 그런 점에서 용기있는 쉬샤오둥은 D형의 모습을 제대로 보여준 사람이다. 그의 인터뷰를 보면 그의 용기는 중국 무술에서 멈추지 않는다.

"중국은 무술에서만 가짜가 있는 게 아니라 분야마다 적지 않은 가짜가 있습니다. 예를 들어 뉴스입니다. 중국의 일부 여론은 진실하지 않습니다."

쉬샤오둥의 말을 들어 보면 원칙과 신념을 지키는 것에서 C형의 모습도 많이 볼 수 있다. 그런 모습에 D형의 용기가 더해져 직접 가짜들을 만나 거짓임을 밝히고 있다.

전화 먼저 끊기

모처럼 남편과 쉬는 날을 평일로 맞춰 한가로운 오후를 보내고 있었다. 잠시 커피를 준비하기 위해 주방으로 간 사이 남편은 업무 관련 한 통의 전화를 받았다. 잠시 후에 남편은 "아싸, 이번엔 내가 먼저 끊었다."라고 외쳤다. 난 무슨 내용인지 궁금해서 자초지종을 물어보았다.

"몇 달 전에 알게 된 거래처 직원인데 누가 쫓아오는 것 마냥 자기 할 말이 끝나면 빛의 속도로 전화를 끊어. 한두 번이면 '급한 일이 있어서 그런가 보네'라고 생각할 텐데 통화를 할 때마다 그러더라고. 너무 짜증이 나서 다음에 통화를 하게 되면 반드시 내가 먼저 끊겠다고 다짐했는데 그게 방금 전에 성공했어. 그런데 이렇게 먼저 끊는 거 별로네. 마음이 불편해. 다음엔 그냥 먼저 끊게 내버려둬야겠다."

이야기를 들으면서 내 주변에도 비슷한 사람들 몇 명이 떠올랐다. 처음에는 '많이 바쁘시구나'라고 생각했지만 통화를 나눌 때마다 "네, 그럼. 툭, 뚜뚜뚜…" 하는 소리를 들으면 "너무 자기 위주로만 생각하는 것 아냐!"라는 불평이 나오게 된다.

D형은 상대가 본론을 빨리 말해 주기를 원하지만 그렇게 되지 않으면 본론을 넘어 결론을 요구한다.

"그래서 결론이 뭔데?"

결론까지 다 듣게 되면 D형은 더 길게 통화를 할 필요가 없다고 생각하고 바로 끊어버린다. 빠르게 통화를 종료하고 다음 일을 하는 것도 좋지만, 몇 초 정도 감정의 교류가 있는 대화를 한다면 더 좋지 않을까?

'하면 된다'와 '해도 안 되는 게 있다'

자신의 일을 과감하게 추진하는 사람들이 있다. 이들과 사업적인 대화를 할 때 "좀 더 생각해 보겠습니다."라고 불투명하게 말을 하면 갑자기 얼굴 빛이 바뀌는 것을 볼 수 있다. 기분이 상했다는 증거다. 해 보지도 않고 무조건 미루는 상대방을 답답하게 생각하는 것이다. 이들의 조언을 들어 보면, '일단 한 번 부딪혀 보면 답이 보인다'라는 주제에 도달한다. 그러면서 사람들이 왜 그리 망설이는지 이해를 하지 못한다. 이것이 전형적인 D형의 모습이다.

'하면 된다', '일단 해 보자', '안 되면 될 때까지'와 같은 문구를 좋아한다. 실제로 이들은 속전속결로 성공을 일구어 낸 경험이 많다. 경험만큼 확실한 것은 없다. 하지만 '하면 된다'가 통하지 않는 일도 물론 있다는 점.

남의 말에 귀를 귀울이는 것은 너무나 중요하다. 하지만 D형은 '해도 안 되는 게 있다'라는 것을 들을 생각조차 하지 않는다. 그래서 항상 무리하게 일을 진행시킨다. 자신과 주변 사람들의 복잡하게 얽힌 상황과 관계를 섬세하게 보지 않는다. D형 주변에 상처를 받는 사람들이 많이 생기는 이유는 이것 때문이다.

D형이 자신의 인생각본을 지키는 것도 중요하지만 이 세상은 혼자 사는 것이 아니라는 것을 생각해야 한다. 사람들의 삶에는 여러 가지 변수가 작용한다. '하면 된다'의 고집을 조금 내려놓으면 혈압을 올리는 횟수도 줄어들고 미워하는 사람의 수도 줄어들 것이다. 이기고 쟁취하는 것만이 인생의 즐거움이 아니다. 내려놓고 비우는 것 또한 그 나름의 행복을 준다는 것을 알게 된다면 불가능도 허용하게 될 것이다.

병 주고 약 조금 준 것

그는 항상 직선적이다. 자기가 듣고 싶은 말만 듣는다. 그렇지 않을 때에는 대화를 자른다. 너무 배려가 없지 않은가.
"너무 제멋대로야!"라고 뒤에서 불평하는 사람들은 많지만 정작 그 사람 앞에서는 그 누구도 말을 하지 못한다. 그래서 그의 직선적인 행동과 말은 여전히 지속된다. 너무 편하지 않은가? 그래서 그는 남들에게 잘 보이려고 자신을 포장할 필요가 없다.
재미있는 것은 그가 주변 사람들에게 약간의 친절만 베풀어도 기대 이상의 반응이 있다는 점이다. 그동안 뒤에서 욕했던 사람들 중에는 호감을 느끼는 사람도 생긴다.
"그가 말은 강하게 해도 뒤에서 다 챙기는 사람이야. 경조사 다 챙기고 퇴사할 때에는 선물까지 준다고."

이런 모습에 감동을 받는 이유는 평소 강했던 모습과 너무나 대조적인 친절과 배려를 경험했기 때문이다. 사실 따지고 보면 병 주고 약 조금 준 것인데 착각을 일으키게 만든다.

낚시 워크숍

한 중소기업의 워크숍을 소개하려고 한다. 이 회사는 1명의 대표와 8명의 직원으로 구성되어 있다.

대표는 열심히 일을 한 직원들을 위해 보상 차원으로 월 2회 낚시 워크숍을 추진한다. 하지만 직원들 대부분은 이 워크숍에 참여하기를 싫어한다. 업무에 어떠한 도움도 되지 않을 뿐만 아니라 귀찮기만 한 모임이기 때문이다. 주는 사람과 받는 사람의 원하는 보상이 일치하지 않아서 벌어진 모습이다.

대표 입장에서 낚시 워크숍은 보상이지만 직원들은 대표의 취미를 강압적으로 밀어붙이는 것으로밖에 보이지 않는다.

보상은 주는 사람이 일방적으로 정할 것이 아니라, 받는 사람이 원하는 것으로 해야 한다. 하지만 D형 대표는 '보상은 주는 사람 마음이다'라고 생각한다.

그러면서 상대가 고맙게 받기를 원한다.

이 회사에서 보상을 주는 이유는 무엇인가? 열심히 일했으니 일한 사람이 좋아하는 것을 주고자 한 것이다. 그런데 대표 마음대로 낚시 워크숍을 추진하니 이게 무슨 보상인가? 그 누구도 고맙다고 할 사람이 없다. 하지만 D형 대표는 자신의 결정을 쉽게 바꾸지 않는다. 왜냐하면 그것은 자신의 주도권을 빼앗기는 것으로 생각하기 때문이다. D형에게 '주도권'은 절대로 놓칠 수 없는 권한이다. 그래서 앞으로도 낚시 워크숍은 계속 진행될 것이다.

더 큰 문제는 "전 낚시 워크숍 시간만 기다리고 있어요. 너무 힐링이 되는 시간이에요."처럼 말하는 사람이 있다는 것이다. 딸랑거리는 사람이 있으니 나머지 사람들은 말조심을 해야 한다.

D형 리더는 DISC의 '원하는 보상' 내용을 반드시 공부해야 한다. D형은 이제 독불장군식으로 일추진 하는 것을 중단해야 한다.

제가 받아 올게요

최근에 알게 된 사은품에 대한 이야기다. 아내는 나와 결혼하기 전에 TV를 산 것이 있었는데, 그 당시 매장에서는 사은품으로 블루투스 스피커를 주기로 약속했다고 한다. 그런데 1년 후인 지금까지도 그것을 주지 않았다는 것이다.
"왜 못 받았어? 달라고 했어야지?"
"재고가 없어서 나중에 준다고 했는데 연락이 없어서 못 받았어."
"그럼 지금이라도 달라고 해야지?"
"…"
"어디야? 나랑 같이 가자. 가서 달라고 하면 되지 뭐가 어려워."
1년 전에 구입한 그 가전 매장으로 아내와 함께 갔다. 매장 직원에게 받지 못했던 사은품 이야기를 하니 안쪽에서 점장이 나와 답변을 한다.
"구입한 고객님 성함과 전화번호를 알려주세요. 일단 저희가 조회를 해 보겠습니다."
잠시 후 점장이 나와 하는 말,
"그때 일하던 직원이 그만둬서 사은품을 드릴 수 없을 것 같아요."
이것이 무슨 말도 안 되는 소리인가. 난 점장에게 차분하게 말을 다시 했다.
"저희는 그 직원에게 구입한 것이 아니라 이 매장에서 구입한 것이니 주는 게 맞는 것 같습니다."
점장은 더 이상의 거절 없이 돌아가더니 어딘가에서 블루투스 스피커를 찾아 가지고 나타났다.
받지 못한 사은품을 받는데 딱 세 문장만 말하면 되는데 아내는 이런 말을 하지 못한다. 아마 내가 알지 못하는, 받지 못한 것들이 더 있을 것이다.
이후에 이상한 일들이 벌어지기 시작했다. 처가댁에서는 그동안 받지 못한 것들을 정리해서 나에게 처리 요청을 부탁하는 게 아닌가.
"이것도 주기로 했는데 받지 못했어."
"제가 받아 올게요." 난 D형이라 어렵지 않다.

그래서 결과를 만들어냈어요?

누구에게나 어려운 일은 있기 마련이다. 이 세상 모든 일을 다 잘하는 사람이 어디 있겠는가? 다만 어려운 일을 만났을 때 '극복하는 사람'과 '포기하는 사람'이 있을 뿐이다.

어려운 일을 만나면 누구나 마음이 불편하다. 잘 나가다가 막혔으니 일의 속도도 현격하게 줄어들고 답답한 마음만 든다. 이 불편한 마음을 해결하는 방법으로 '도전'과 '포기' 두 가지가 있다. 주로 '도전'을 하는 사람이 있고 반대로 주로 '포기'를 하는 사람이 있다. 도전하는 것보다 포기를 하는 것이 더 빨리 마음을 편안하게 할 수는 있지만 이 둘의 결과는 상반된다.

D형은 주로 도전을 한다. 물론 D형도 포기를 할 때가 있다. 도전을 하고 또 했는데 정말 불가능할 때

포기를 할 뿐, 대부분은 될 때까지 도전을 해서 결과물을 만들어 낸다. D형은 누군가와 함께 일을 할 때 그 사람들도 같이 도전하기를 원한다. D형의 별명에 독불장군이 있는 것을 보면 주변 사람들의 포기 의사와 상관없이 계속 밀어붙인다는 것을 알 수 있다. 포기를 원하는 사람 입장에서는 너무나 불편하다. 그래서 D형과 함께 일하는 사람들이 주로 하는 말이 있다.

"나랑 안 맞는 것 같아."

D형은 타협과 수용을 잘 하지 않기 때문에 함께 일하는 사람들이 '나랑 안 맞는다'라고 표현하는 것은 너무나 정확한 표현이다. 잘 맞지는 않지만 D형을 리더로 세우는 이유는 결과를 만들어 낸다는 점. 결과보다 과정이 더 중요하다고 생각하는 사람들에게 D형이 해 줄 말이 있다.

"그래서 결과를 만들어냈어요?"

승부욕

물욕, 식욕, 성욕, 소유욕, 승부욕 등 많은 욕구가 있다. 이 중 사회생활에서 가장 중요한 것을 꼽으라고 한다면 승부욕을 선택할 것이다.

성과를 만들어야 할 때, 경기에서 우승을 해야 할 때, 승부욕은 매우 큰 효과를 발휘한다. 다른 사람들이 "그냥 재미있으면 되지.", "참여하는데 의의가 있다고.", "경험이라고 생각하자."라는 말을 할 때 D형은 "반드시 이겨야 해."라고 말하며, 결국 해내고 만다. 그래서 주목을 받는 사람은 D형이 된다. 너무 경쟁할 필요가 없다고 말들 하지만 평가는 결과를 갖고 따진다. 그래서 성인이 될수록 승부욕은 그 중요도가 점점 커지는 것 같다.

주도력을 가장한 독단

새롭게 팀이 꾸려졌다. 우리는 리더를 뽑아야 한다. 분위기를 주도하는 사람이 있다면 나머지 사람들이 그 사람에게 리더를 맡기게 된다. 내가 하면 큰 부담이 되니 다른 사람을 추천하고 싶은데, 마침 눈에 띄는 사람은 팀 내에서 주도하는 모습을 보여준 사람 아니겠는가. 그런데 이렇게 뽑은 리더 때문에 불편한 상황이 벌어지기도 한다.

한 번은 우리 팀 모두 다 같이 교육을 받게 되었다. 외부 강사를 초빙해서 강의를 듣는데 강의 시작할 때쯤 우리가 뽑은 리더는 강사에게 "우리 매달 교육을 받고 있는데 좀 일찍 끝냅시다. 일찍 끝내면 강의 평가도 좋을거에요."라고 말을 하는 것이다. 우리 모두는 강사의 표정을 바라보지 않을 수 없었다. 리더의 발언은 처음 온 사람에게 무례한 말이었고 그 무례함에 당황해 할 강사의 표정이 예상되었기 때문이다. 그러고 보니 저 리더가 이렇게 말한 것은 이번만이 아니었다.

어제 식사 때에는 자신이 주도를 해서 메뉴를 동일한 것으로 정했다.

"오늘 같은 날에는 삼계탕을 먹어야 합니다. 제가 추진할 테니 모두 그렇게 드세요. 제가 추천한 것을 고마워할 것입니다."

아니, 누가 그렇게 해 달라고 했는가? 자신이 삼계탕 먹고 싶으면 혼자 먹지 왜 항상 전체적으로 통일을 해서 먹는단 말인가? 저런 식의 분위기 주도는 자신만 만족스러워할 뿐 나머지 사람들은 슬슬 짜증을 내기 시작했다. 하지만 우리는 그의 압도하는 말에 반대를 하지 못하고 어쩔 수 없이 동의를 하게 되었다. 문득 떠올랐다. 이것은 주도력을 가장한 독단이라는 것을. 저 리더의 독단을 끝내기 위해서는 우리에게 이렇게 말할 용기가 필요하다.

"전 정해진 시간까지 강의를 다 듣고 싶어요. 커리큘럼에 나온 대로 해 주세요."

"전 다른 것으로 먹겠습니다. 삼계탕은 먹고 싶은 사람만 먹도록 하죠."

제가 알아서 할게요

대학생 중에는 수업시간표를 스스로 짜지 못하는 사람도 있다. 자신이 듣고 싶은 수업을 찾은 다음 재빨리 신청해야 그 수업을 들을 수 있다. 그런 수강신청을 스스로 하지 않고 주변 친구들이 짠 시간표를 동일하게 신청하는 학생이 있다. 반대로 항상 자신이 주도적으로 수업 시간표를 짜는 학생도 있는데, 아마 이들은 사춘기 이전에도 "제가 알아서 할게요."라는 말을 자주 했을 가능성이 크다. 그 당시에는 부모의 말을 무시하는 것처럼 보이기도 했지만 그것은 오해다. 스스로 결정하고 실행해 보고 싶은 의도에서 그렇게 말을 한 것이고, 이들은 성인이 되었을 때 자립도도 매우 큰 사람이 된다. 이런 자기주도는 학교나 학원에서 가르쳐 주지 않는다. 살아가는 과정 가운데서 습득해야 하는데, 부모가 큰 역할을 한다. 자녀에게 모든 것을 해 주는 부모는 자녀가 주도적인 경험을 할 수 있는 기회를 만들어 주지 않는다. D형의 성격을 사용할 기회를 주지 않는 것이다. 그러다 보니 성인이 되어도 여전히 그 부모가 해 줘야 한다. 아니나다를까 수강신청도 혼자 못하고 심지어 학교에 혼자 가서 면접도 못 보고 등록도 못 한다. 초등학교 1학년 때 부모의 이끌림에 의해 첫 등교를 하듯이 대학교도 동일하게 입학한다. 그리고 4학년 때까지 수업 시간표도 부모가 짜 주게 된다. 이후 취업도 신경써 줘야 하며 집을 알아볼 때에도 계약까지 함께 해야 한다. 집 청소를 못할까 봐 종종 자녀 집에 가서 청소도 해 주고 냉장고에 반찬도 꽉 채워준다. 자녀가 "제가 알아서 할게요."라고 말하면 그 부모는 서운해 한다. 하지만 자녀의 이런 말은 진작에 나왔어야 했다. 반대로 어떤 아이는 초등학생 때 이미 이런 말을 하는데 그때부터 자립할 수 있는 능력을 배우기 시작한 것이다. 자녀에 대한 사랑이라는 명분으로 무능력한 자녀를 만들지 말자. 그건 사랑이 아니라 여전히 내 품의 아이로 남게 하는 것이다.

포기하게 되는 마음

한 후배가 찾아왔다. 자신이 고민을 하고 있는 것이 있는데 그것을 해결해 줄 사람이 나인 것 같아서 찾아왔다는 것이다. 후배의 고민은 자신이 뭔가 끝마무리를 잘 못한다는 것이다. 이런 삶이 계속 반복되니 힘들고 앞으로 뭔가를 할 때에도 또 그럴까봐 걱정이 된다는 것이다.

난 후배와 계속적인 만남을 통해 대화하면서 그 원인을 찾고자 노력했다. 그동안 후배가 말한 이야기들을 종합해 보니 어떤 일이 주어졌을 때 그것의 끝마무리가 문제였다. 회사에서도 어떤 업무 지시가 내려오면 시작은 하는데 점점 어떻게 해야 할지를 몰라 머리가 복잡해지고 멍해져서 아무것도 하지 않게 된다는 것이다. 그러다가 마감이 임박하게 되면 대충 만들어서 제출을 하는데 결과가 좋을리가 없다.

난 후배에게 다음과 같이 말을 했다. "누구나 일을 하다 보면 결과가 항상 평탄하게 이루어지는 것은 아냐. 오늘 끝낼 줄 알았는데 일주일째 잡고 있는 일도 있고, 결국 하지 못하게 되는 일도 있어. 그래도 할 수 있는 데까지는 해 보는 건데, 넌 그 과정 초반에 포기를 하는 것 같아. DISC의 D형에 대해서 설명을 해 줄게. 이들은 무엇을 할 때 그것에 대한 계획을 세우고 달성이 될 때까지 밀고 나가. 넌 그런 D형의 모습이 약해서 그런 것 같아. 너무 스트레스 받지 말고, D형이 높은 사람의 도움을 받아서 일을 해봐. 그렇게 하다 보면 너도 D형의 모습을 배우게 될 거야."

그러고 보면 D형이 화를 잘 내는 것도 이해가 된다. 자신은 힘들어도 될 때까지 밀어 붙이는데 다른 사람은 그렇지 않으니 나약해 보이지 않겠는가.

물론 D형들도 주변의 안 좋은 평가를 들으면 포기할 마음이 생긴다. D형이라고 감정이 없겠는가. 욕먹는 것을 좋아하는 사람은 없다. 하지만 D형은 흔들리거나 좌절하지 않는다. 마치 욕 먹을 것을 각오하고 일을 하는 것 같아 보인다. 주변의 눈치를 보면 결국 내가 하려고 하는 것을 포기하게 된다.

결론은 바뀌지 않아

그의 결론은 이미 정해져 있다. 종종 우리들의 의견을 받아들일 것처럼 친절함으로 다가오지만 변하는 것은 전혀 없다. 순진한 사람만 "변하셨어. 마음의 변화가 있으셨나봐."라고 긍정적으로 믿어 준다. 자신의 결정을 쉽게 바꾸지 않는 유형은 D형이다. 누군가 D형 리더의 주장이 논리적으로 맞지 않음을 밝힌다 하더라도 그는 결국 자신이 정해 놓은 결론으로 마무리를 짓는다. 잠시 다른 의견을 수용하는 척했을 뿐이다.

그는 자신이 이미 결정한 내용에 대해 자신감이 있기 때문에 구성원들이 토를 달지 않고 수용하기를 원한다. 그런데 그렇게 되지 않으면 사람들을 설득하기 시작하고 때로는 겁박을 하기도 한다. 설사 고집을 부린 결정이 좋은 성과를 내지 못하더라도 그것에 대해서 미안해 하지 않는다. 그러면 불만이 여기저기에서 터져 나와야 하는데 D형의 강한 모습에 그 누구도 불만을 제기하지 않는다. 이런 점 때문에 D형은 리더의 모습을 오랜 기간 동안 지속할 수 있다. 하지만 실패한 결과가 많아지면 D형도 점점 힘을 잃게 된다. D형은 어떻게 힘을 다시 찾을 수 있을까? 그것은 다른 사람들이 실패를 함으로 가능해진다. 그런 기회가 오면 예전의 자신의 성공 경험을 내세워 "제가 해 보겠습니다."라는 말을 외친다. 하지만 그것은 이미 오래된 옛날 방식일 뿐이다.

단체 산행

단체 산행을 할 때 항상 선두에 서기를 원하는 사람이 있다. 체력이 좋아서 그럴 수도 있지만 경쟁에서 뒤쳐지는 것을 견디지 못해서 그렇다. 만약 단체의 리더가 D형이라면 어떻게 될까? 그는 선두에 서서 무리를 이끌고 사람들을 산 정상까지 끌고 올라간다.

등산을 힘들어하는 사람도 있고, 억지로 끌려 나온 사람도 있을 것이다. D형은 왜 등산을 싫어하는 사람까지 다 끌고 올라갈까? 괴롭히려고 그러는 걸까? 그렇지 않다. D형은 스트레스를 풀 때 육체적인 활동을 통해서 푸는데 등산은 그것을 가능케 해 준다. 혼자 스트레스를 풀지 않고 다른 사람들까지 다 데리고 가서 풀려는 선한 의도가 있지만 사실 이건 너무 일방적인 판단이다.

올라가다 보면 뒤쳐지는 사람, 그만 올라가고 싶은 사람이 있는데 D형은 그들을 별로 좋아하지 않는다. 왜냐하면 자신이 주도하는 산행을 방해하는 사람이 되기 때문이다. 즉, 산행은 사람들의 스트레스 해소를 위한 것이 아니라 하나의 해야 할 업무가 된 것이다.

등산을 할 때 D형은 함께 한 사람들이 어느 정도까지 하기를 원할까? 빠른 걸음으로 뒤쳐지지 않고 올라가, 다같이 산 정상의 비석에서 사진을 찍고 내려오는 것까지 원한다. 중간에 멈추거나 다치지 말자. 그런 모습은 D형 리더가 절대로 원하는 모습이 아니다. 만약 정상까지 가고 싶지 않다면 그냥 옆 사람에게만 말하고 몰래 도망가라. 그것이 오히려 방해하지 않는 것이다.

웬만하면 옆에 태우지 말 것

운전을 할 때에 가장 중요한 것은 '이동'이고 그 다음은 '안전'일 것이다. 이동을 편리하게 하기 위해서 안전을 담보로 하는 것이 운전이다.
각 자리에 앉은 사람들은 나름대로의 역할이 있다. 운전자는 운전자로서의 역할이 있고 보조자는 보조자로서의 역할이 있다. 그런데 이런 역할을 뒤바꾸는 D형이 있다. 일단 운전에 대한 주도권은 운전자에게 있지만, 운전자가 운전을 너무 못하면 D형은 "내가 운전할게. 바꿔."라는 말을 해서 바꾸기도 한다. 그와는 다르게 나머지 사람들은 운전자를 쉽게 바꾸지 않고 그가 운전을 잘 할 수 있도록 분위기를 만든다. 이런 식의 노력을 가장 힘들어하는 유형이 D형이다. 주도적인 면이 강하기 때문에 다른 사람이 내 뜻대로 하지 않으면 바로 기분이 상한다. 그래서 웬만

하면 옆 좌석에 D형을 태우지 말 것. 이동하는 내내 강한 잔소리를 듣게 될 것이다.

당신의 배우자가 D형이라면 절대로 운전 연수를 부탁하지 마라. 배우는 입장이라 부족하고 미숙한 것이 당연한데 그는 작은 실수가 있을 때마다 매우 불쾌한 지적을 할 것이다. 이혼을 하고 싶지 않다면 돈을 내고 다른 사람에게 부탁하자. 그게 가정의 평화를 위한 삶의 지혜다.

나쁜 공격자

Danger라는 단어를 보면 D 뒤에 anger가 따라오는 것을 볼 수 있다. D형이 쉽게 화를 낼 수 있다는 것을 누군가 알고 단어를 만든 것은 아니겠지만 이 단어의 알파벳 조합이 신기하다.

사람과의 관계에서 원하는 대로 통제가 안 되거나, 업무를 처리할 때 원하는 결과가 나오지 않으면 D형은 곧잘 화를 낸다. 때로는 그 화가 좋은 결과를 만들기도 하기 때문에 무조건 단점이라고 할 수는 없다.

그러나 마땅히 내야 할 분노, 정당한 이유가 있는 분노라도 그 방법이 정당하지 않으면 갑질이 된다. 고래고래 소리를 지르고, 욕하고, 폭력을 사용하고, 과격한 행동을 하고, 인신공격을 한다면 누가 봐도 격떨어지는 분노가 아닐 수 없다.

이런 갑질과 같은 수준 낮은 분노는 점점 주변 사람들을 적으로 만들게 된다. 그들은 적대감을 품고 결국 복수를 한다.

이를테면 그가 마실 커피에 침을 뱉거나, 의도적으로 데드라인을 지키지 않아 그를 난감하게 만들기도 하고, 황혼에 그에게 갑자기 이혼 통보를 한다. D형 입장에서는 뒤통수를 당했다고 하겠지만 그 명분은 이미 D형이 제공했다.

D형에게 무조건 화를 참으라고 말하고 싶지는 않다. 그것의 장단점이 있기도 하지만 D형에게 화가 사라지지 않을 것이기 때문이다. 화가 날 때 순간의 감정을 그대로 표현하는 것을 주의하자. 주변에서는 이것을 갑질이라고 말하기도 한다.

감정적으로 무작정 화를 내기 보다 화가 난 이유를 구체적으로 설명하자. 화를 내는 것으로만 끝나게 되면 상대는 나에 대해서 무자비하게 화를 내는 사람으로만 기억한다. 즉 난 나쁜 공격자가 될 뿐이다. 하지만 화를 낸 이유를 설명하게 되면 공격자는 내가 아니라 그 이유로 전환이 된다. 원래 상대를 공격하려고 하는 마음은 없었으니 이런 방식으로 풀어가자.

그걸 왜 나한테 물어봐

우리 부서의 부장은 화를 너무 잘 내는 사람이다. 전체 모임에서는 리더십 있는 사람으로 보이지만 개인적으로 그를 겪은 사람들은 부장이 어떻게 화를 내는지 잘 안다. 그래서 사람들은 점점 부장에게 어떠한 질문도 하지 않게 된다.
어느 날 부장이 새로운 교육을 추천했다. 그리고 우리 중 몇몇은 그 교육에 참여할 수밖에 없었다. 한 달이 넘는 교육이었고 교육 후에는 새로운 보직이 주어질 수 있는 상황이었다. 우리 중 몇 명은 교육 후 다른 팀으로 이동을 했고 나는 어디로 갈지 아직 아무런 이야기가 없었다. 난 교육담당자에게 물었다. "전 어디로 가면 될까요?" 교육담당자도 부장을 무서워해서 자신이 직접 물어보지 못하고 "부장님 전화번호 알려 줄 테니 네가 전화해서 물어봐."라며 나에게 거취 확인을 떠넘겼다. 어쩔 수 없이 난 부장에게 전화를 했고 "저 이번에 교육을 받은 ~팀의 OOO입니다."라고 밝히며 대화를 시도했다.
(퉁명스럽게) "왜?"
"저 교육을 마쳤는데 전 어디로 가면 될까요?"
(화를 내며) "그것을 왜 나한테 물어봐. 교육담당자에게 물어봐." 그리고 부장은 바로 전화를 끊었다.
부장은 전화 통화 시작부터 끝까지 고래고래 소리만 질렀다. 아니, 이게 그렇게 화를 낼 일인가? 교육담당자는 자신이 물어보면 어떤 일이 벌어질지 이미 알고 나에게 시킨 것이다. 교육담당자를 원망할 수도 없었다. 그도 자기 나름대로 살기 위해서 한 판단이었다.
화를 낼 일이 아닌데 도대체 부장은 왜 화를 그렇게 냈을까? 혹자는 이렇게 말한다.
"잘 생각해 봐. 화를 내시는 이유가 다 있다고. 저분은 허투루 화를 내시는 분이 아니야. 말 한 마디도 다 깊은 뜻이 있어서 하는 말이라고. 최근에 어떤 일이 있었는데 잘 생각해 봐."
매우 혼동스러운 조언이다. 몇몇 이유를 억지로 찾을 수는 있었지만 그래도 이해가 되지는 않았다. 그리고 다음 날 부장을 복도에서 우연히 만났다. 난 불편한 마음으로 인사를 했는데 부장이 하는 말, "요즘 교육은 잘 받고 있나?"

부장은 교육이 끝났는지, 내가 어제 전화를 했었는지 전혀 기억하지 못했다. 심지어 오늘은 해맑게 웃으며 챙겨주는 듯한 말투로 말을 하는데 난 매우 혼동스러웠다. 도대체 뭐지? 그리고 곧 모든 진실을 알게 되었다. 잘못을 나에게 찾을 필요가 없었던 것이다. 순진한 사람만 '내가 뭘 잘못 질문했나?' 라는 식으로 원인을 자신에게서 찾겠지만 거기에는 이유가 없었다. 부장과 통화를 했을 때 그때에는 자신이 뭔가 뜻대로 되는 것이 없는 짜증난 상황이었다. 그 시점에 내가 전화를 했기에 난 이유 없이 막무가내로 부장의 호통을 들은 것이다.

화가 난 D형에게 그보다 직책이 낮은 사람이 질문을 하게 되면 그것은 그에게 짜증나는 소음으로 들리게 된다. 그래서 부장은 곧바로 "그걸 왜 나한테 물어?"라는 식으로 상대방에 대한 배려 없이 소리를 질러버린 것이다. 이런 이유로 D형 밑에서 일을 하다 보면 궁금한 것이 생겨도 그에게 직접 물어보지 않게 된다. 결국 소통이 점점 안 되어 결과도 좋지 않게 되는 경우가 많다. 함께 일하던 사람들은 억눌려 지내는 것으로부터 벗어나기 위해 다른 곳을 알아보기 시작한다. D형의 조직은 이런 식으로 무너지게 된다. D형이 무너지지 않기 위해선 주변으로부터 질문이 올 때 친절하게 답변을 해 줘야 한다.

3부

I type

·

허풍의 효과
그 사람을 만났어도, 맞지 않아서 금방 헤어졌을거야
모험이 주는 삶의 재미
홈쇼핑에서 주로 구입하는 사람
돈을 모으기 힘든 사람
재미있는 사람이 결혼에 성공하지 못하는 이유
운동을 하지 말자
자신의 약점 드러내기
약속을 여러 개 잡지 말라고
연료가 다 떨어졌어요
지금 말 안 하면 까먹으니까
호기심의 안테나
어색함을 깰 사람
'다음에 함께 할게요' 라고 말해
개그 자신감 회복하기 위한 방법
하나라도 제대로 잡았어야 했는데
이상한 홍익인간
혼자 가니까 재미없더라
나 요즘 혼술하고 있어
네버 엔딩 제안

허풍의 효과

재미있는 사람들을 보면 허풍이 센 경우가 많다. '허풍'이라는 단어의 느낌이 부정적으로 느껴질 수도 있지만, 적절한 허풍은 대화를 재미있게 만들어 준다. 그러고 보니 뉴스나 토론에서는 허풍이 나오지 않는다.
적절하게 허풍을 사용하면 재미있는 사람이 된다는 결론이 나온다. 그렇다면 현재 재미없는 사람도 허풍을 사용하면 재미있는 사람이 될 수 있을까? 원래 재미없는 사람은 이 말에 대해서 확신이 서지 않을 것이다. 허풍의 경험이 없는 사람이 어떻게 그 결과를 예측하겠는가. 그런 점에서 허풍은 I형들만이 독점적으로 사용하는 대화기술이다. 그들은 허풍을 사용해 자신만의 독무대를 만든다. 인생을 재미있게 살려면 I형의 허풍을 모방해 보자.

그 사람을 만났어도, 맞지 않아서 금방 헤어졌을거야

이솝 우화 「여우와 포도나무」에서 보면 여우는 포도 먹는 것을 여러 번 시도하지만 결국 먹지 못한다. 포도 먹는 것을 포기하며 여우가 하는 말이 있다. "저 포도는 분명 실거야!" 이 말은 자신의 포기를 합리화시키는 의미를 담고 있다. 하지만 되지 않는 것을 빨리 포기하는 것도 좋은 전략이라고 할 수 있다. 안 된다고 생각이 들면 빨리 자기 합리화로 마무리를 짓는 것도 정신건강에 좋다. I형은 이런 방식을 잘 사용한다. 그래서 인생에서 겪는 여러 가지 스트레스를 빨리 해소하는 편이다. 살다 보면 내 뜻대로 되지 않는 일이 수두룩하다. I형처럼 생각하는 지혜를 활용할 필요가 있다. 남들이 보기에는 회피하는 사람, 실패한 사람처럼 보일 수도 있지만, I형은 그들만의 지혜를 활용한 것이다. 어찌 보면 가장 속편할 수도 있겠다.

그럼 이런 생각은 어떨까? 기혼자들에게 추천할 수 있는 표현이다.

"그 사람 만났어도, 안 맞아서 금방 헤어졌을 거야!" 지금의 삶에 만족하며 잘 살 수 있게 하는 말이 아닐까! 이럴 때는 치밀하고 분석적인 생각이 삶을 망칠 수 있다. '그 사람' 이제 그만 잊자.

모험이 주는 삶의 재미

I형은 호기심이 많다. 그 호기심으로 새로운 모험에 쉽게 달려든다. 선택한 모험에서 재미를 잃으면 또 새로운 것으로 갈아탄다. 그래서 많은 일을 벌여 놓는 산만한 사람으로 비칠 때가 많다. 하지만 I형은 여전히 재미를 추구하기 때문에 개의치 않고 새로운 모험을 또 찾아 나선다.

또한 다양한 것을 경험해 보았기 때문에 전반적으로 못하는 것이 없는 사람처럼 보인다. 이런 경험쟁이 I형의 이야기를 들어 보면 재미없을 수가 없는 지경이다. 듣는 사람도 재미있고 말하는 I형도 재미있어 한다. 안정적인 삶만을 고집하는 사람도 한 번쯤은 안정에서 벗어나 보는 게 어떨까. 그럴 때 비로소 재미있는 경험을 만들 수 있다.

남은 인생에서는 당기는 것이 생기면 고민하지 말고

바로 시도해 보자. 나이를 먹어감에 따라 다양한 추억을 쌓을 수 있는 기회가 점점 없어져 가고 있다는 것을 느낄 것이다. 이 생각 저 생각 접고 무조건 모험하자. 인생의 새로운 재미가 더해진다.

홈쇼핑에서 주로 구입하는 사람

홈쇼핑을 보다가 어느 순간 쉽게 결제를 하는 사람들이 있다. 이들은 "너무 좋은 제품이야. 좋은 기회에 잘 샀어."라는 말을 한다. 너무 순진해 보이지만 그들은 자신들의 노련한 촉을 활용한 구매 성공사례로 받아들인다.

I형에게는 필요하지 않았던 제품, 살 계획도 없었던 제품, 특별한 기능이 없는 제품이 갑자기 중요한 제품으로 바뀐다. 이들에게는 '충동적 구매 버튼'이 있다는 것을 아는가? 이 버튼은 쇼호스트의 말에 의해 쉽게 활성화되어 스스로 알아서 구매 버튼을 누른다. 그런데 I형의 버튼은 신기하게도 며칠 후에 비활성화가 된다. 그리고 얼마 지나지 않아 또 새로운 버튼이 만들어진다. 이는 순교자의 삶처럼 자신을 희생하고 새로운 제품으로 탄생해 주인에게 소유의 기

쁨을 준다. 하지만 충동은 절대로 좋은 의미로 인정되지 못한다. 왜냐하면 희생한 것처럼 보이지만 주인에게 경제적 어려움만 남기기 때문이다. 즉, 희생이 아니라는 것을 기억해야 한다. 충동이라는 것은 착각만 일으키고 사라져 버리는 경제적 독毒이다. I형은 텔레비전을 없애는 것이 가장 좋은 방법이다. '충동적 구매 버튼'이 사라질 수 없다면 그것을 활성화시키는 텔레비전을 없애는 것이 더 효과적이다.
I형들이 이 내용을 알기 전에 쇼핑몰은 서둘러 물건을 팔아야 할 것이다.

돈을 모으기 힘든 사람

우리의 뇌는 착각을 잘 한다. 고민을 열심히 하지만 착각 속에서 노력할 뿐이다. '무료'라는 단어만 넣어 주면 바로 선택하는 사람들이 있다. 그들은 I형이다. '무료'라는 단어를 보자마자 충동성이 극도로 커진다. '세상에 공짜는 없다'는 말을 이미 알고 있지만 그래도 이번만은 다르다고 생각한다.

'반품 무료', '한 달 무료', '오늘만 무료'라는 광고가 있고, 무료라는 단어가 들어가지는 않지만 비슷한 표현으로 '달성 시 전액 환불'이라는 광고도 있다. 실제 광고 멘트와는 달리 무료라는 조건은 효과적으로 이루어지지 않는다. 그래서 '무료 마케팅'은 이미 다양한 곳에서 활용하고 있다.

I형은 이런 충동을 어제도 겪었고 오늘도 또 저지른다. 자신은 절대로 충동이라고 생각하지 않는다. 다

른 사람들이 잘 모르는 I형만의 '열정'인 것이다. I형이 열정을 품는 순간 그것 외에 아무것도 보이지 않는다. 이때 이들에게 뇌의 착각은 손쉽게 이루어지고 이것저것 충동적으로 물건들을 구입한다. I형에게 물건을 파는 것이 왜 가장 쉬운지 알 수 있다. 오히려 I형만 골라서 상품을 판매하는 것도 전략이 될 수 있다.

I형은 굳이 필요하지 않은 것도 구매를 한다. '티끌모아 태산'이 자본주의 시대에 진리는 아니지만 I형은 그 티끌도 모아서 또 구입을 한다. 돈을 언제 모으겠는가? 하지만 낙천적이다 보니 언젠가는 일확천금一攫千金을 얻게 될 거라고 생각한다. 그 생각이 이루어질 확률은 매우 낮다. 이제 정신차리자.

재미있는 사람이 결혼에 성공하지 못하는 이유

"전 재미있는 사람이 좋아요."
재미있는 사람을 싫어하는 사람은 없을 것이다. 그와 함께 있으면 웃을 일이 많다. 그래서 언제나, 어느 곳에서나 I형은 인기쟁이다. 그런데 이들이 결혼에 쉽게 성공하지 못하는 경우가 있다. 오히려 재미없는 다른 유형의 사람들이 먼저 결혼하는 경우가 많다.
I형이 재미있다는 것은 그들의 유머 때문인데 이 유머는 허풍을 기반으로 한다. 이야기를 들을 때에야 재미있지 함께 살 배우자로 선택할 때에는 이야기가 달라진다. 말로는 무엇을 못하겠는가? 만리장성도 금방 쌓을 수 있다. 하지만 현실에서는 절대로 그런 일은 일어나지 않는다. 결혼을 할 시점이 다가오면 점점 현실이 보이기 시작하고 그전까

지 재미있다고 여겼던 I형의 입담은 비현실적인 허풍으로 다가온다. 그래서 그를 배우자로 선택할 수 없다는 결론이 나온다. I형은 충격에 빠진다.
"아니, 내가 왜 결혼을 못하지? 나 인기 많았던 사람인데? 내가 눈이 높은 건가?"
그동안 잘 통했던 자신의 입담이 결혼적령기에 있는 이성에게는 그 효력이 사라진다는 것을 알지 못한다. I형에게 꼭 해 주고 싶은 말이 있다. 결혼을 하고 싶다면 그 시점에는 농담을 줄이자. 그리고 진지해져야 한다. 지금은 학창시절이 아니다.

운동을 하지 말자

"지난 주에 필라테스 시작했다고 하지 않았어? 그런데 왜 안 가?"
"같이 하던 언니가 그만둬서 나도 그냥 그만 뒀어. 혼자 해 보니까 별로 재미없더라고. 그 대신 새롭게 요가를 시작했어. 옆집에 이사 온 언니가 요가를 하는데 괜찮다고 하더라고. 이제 운동 제대로 해 봐야지."
이 친구는 어떤 운동을 할지 함께 하는 사람에 따라 그 기간이 결정되는 특징이 있다. 함께 운동하는 사람이 사정이 생기면 혼자 운동을 하는 날도 있어야 하는데 절대로 그렇게 하지 못한다. 운동을 하러 가는지 놀러 가는지 분간이 안 된다.
이 친구의 문제는 운동을 함께 하는 친구의 유무 외에도 또 있었다. 그것은 운동 장비 구입을 위한 지출이다. 꾸준히 운동을 하지도 못하면서 초반에 필요한 장비를 전부 구입한다. 운동의 효과보다 지출이 훨씬 큰 사람이다. I형은 쉽게 솟아오르는 충동으로 인해서 처음에는 스스로 운동을 아주 열심히 할 거라고 생각한다. 그래서 초보자에게 필요하지도 않는 중급자 이상의 장비까지도 구입을 하는 것이다. 충동은 며칠 가지를 못한다. 함께 운동하기로 한 친구도 나오지 않는다면 그 충동은 흔적도 없이 사라진다. 사용해 보지 않은 장비만 집에서 먼지를 기다리고 있다. 이럴 바에는 운동을 하지 말고 사람을 만나는 동호회에 가는 게 낫다.

자신의 약점 드러내기

사교적인 친구 하나 둘쯤은 있을 것이다. 친구를 잘 만드는 사람은 I형이 높은 사람이다. 이들이 어색함을 없애기 위해 사용하는 방법으로는 '재미있는 이야기를 하기'와 '자신의 약점을 드러내기'가 있다.

재미있는 이야기를 하는 것은 생각보다 어렵다. 이것도 타고난 재능이라고 할 수 있다. 하지만 자신의 약점을 드러내는 것은 그리 어렵지 않다. 그냥 솔직하게 이야기를 하면 된다.

상대의 약점은 때로는 나에게 위안이 될 수 있다. 내가 상대보다 우월할 수도 있다는 느낌을 주기에 그런 효과를 만들어 준 상대에게 끌리게 된다. 또한 드러낸 약점은 먼저 마음을 열었다는 표시이기도 하다. 이제는 내가 마음을 열 차례다. 평소에 자신이 사교성이 떨어진다고 생각한다면 이 방법을 사용해 보자.

특히 호감이 가는 사람이 있다면 무조건 사용하자. 지금 바로 나의 약점은 무엇일지 고민하는 시간을 가져 보자. 그동안 나의 '장점', '강점'만 찾으려고 했는데, '단점', '약점'도 찾아야 한다. 이것이 이렇게 좋은 도구가 될지 몰랐을 것이다.

약속을 여러 개 잡지 말라고

매번 약속 시간보다 늦게 나타나는 사람들이 있다. 여러 가지 이유가 있겠지만 무리한 일정을 잡는 사람에 대해서 이야기를 하려고 한다.

그는 나와 만나기로 한 약속 시간 바로 앞뒤로 빠듯하게 일정을 잡는다. 당연히 나의 약속에도 늦고, 그 다음 약속도 늦는다. 약속은 앞뒤로 여유있게 시간을 비워두어야 한다. 하지만 I형은 왠지 괜찮을 거라는 생각이 들어 그렇게 하지 않는다. 결국 사람들과 잡은 약속에 문제가 발생한다. 이때에는 괜찮다는 낙관적 판단보다는 단호한 결정이 필요하다.

I형은 스스로 바쁜 일정을 소화하는 사람이라고 생각한다. 그래서 자신이 약속을 잡을 때 어떤 문제가 있는지를 전혀 모를 수 있다. 너무 많은 일을 벌이지 말고 딱 몇 개만 선택해서 집중하자. 약속은 절대로

다다익선이 아니다. 선택과 집중이 필요하다. 그렇지 않으면 약속 상대는 큰 실망을 하게 된다.

"분명 나와 만나 이야기를 하기로 해 놓고 갑자기 연기하면 어떡해? 저번에도 그랬는데 이번에 또 그러네. 그렇지 않아도 또 그럴까봐 어제 다른 약속이 이후에 있는지 물었는데 말이야. 기분이 좋지 않다! 제발 약속을 여러 개 잡지 말라고."

연료가 다 떨어졌어요

주유를 할 때 당신은 주유 시기와 넣어야 할 양을 어떻게 결정하는가? 연료를 항상 가득 채우는 사람, 1/3만 채우는 사람, 거의 떨어져 불이 들어올 때쯤 주유하는 사람이 있다. 여러 가지 상황이 있겠지만 가장 문제가 되는 것은 거의 떨어질 때쯤 주유를 하는 것이다. 물론 근처에 주유소가 있어서 바로 채워 넣으면 문제는 발생하지 않는다. 하지만 상황이 항상 원하는 대로 되는 게 아니다. I형은 연료가 다 떨어지는 일이 자신에게 일어나지 않을거라는 낙관적 생각을 하기 때문에, 실제로 운전하다가 서는 경험을 종종 하게 된다. 갓길이면 그나마 다행이지만 출퇴근길 대형도로 한복판에서 멈추게 된다면 교통체증까지 만들게 된다. 이런 일을 한 번 겪으면 다음부터는 조심해야 하는데 I형은 이런 경험을 또 하게 된다는 점. 왜냐하면 다음에는 이런 일이 또 일어나지 않을 거라고 확신하기 때문이다.

연료를 꽉 채우면 차의 무게가 무거워져 연비가 떨어지는 면도 있을 것이다. 꽉 채우지는 않더라도 항상 1/3은 채우는 습관을 갖자. I형에게 준비성은 특별히 강조하고 싶다.

지금 말 안 하면 까먹으니까

대화를 할 때에는 말하는 사람의 순서가 있다. 굳이 말하지 않아도 그 순서를 대부분 잘 지킨다. 상대가 이야기할 때에는 잘 들어줘야 한다. 그런데 이런 순서를 지키지 않고 자신의 말부터 던지는 사람들이 있다. 이 사람들은 "지금 말 안 하면 까먹으니까 내가 먼저 말할게."라며 자기 말을 던진다. 갑자기 한 말을 막을 수도 없고 일단 들어보게 되는데 긴급한 내용도 아니다. 다른 사람이 말을 할 때 경청하지 않고 계속 자기 할 말만 생각한 것 같기도 하다. 배려 없이 자기가 말하고 싶을 때 상대의 말을 끊고 자기 말을 한다.

이 사람은 하고 싶은 말을 다 표현하지 않고 속에 담아두는 것의 중요성을 알게 해 주는 사람이다. 줄곧 자신의 이야기만 쏟아 내는 사람들에게 하고픈 말이 있다. "그 입 좀 쉬게 하라."

호기심의 안테나

하고 싶은 일이 생겼다. 차라리 그 공지를 보지 말았어야 했는데 본 이상 하고 싶어 신청하게 됐다. 그것을 하기 위해 하루를 빼고 특정 장소로 이동을 해야 했다. 주변에서는 나에게 "참 젊게 사네. 아직도 하고 싶은게 많아?"라고 묻는다. 호기심은 나이를 먹어 가면서 점점 줄어드는 것 같지만 나에겐 그렇지 않은 것 같다. I형에게 호기심은 D형의 승부욕과 같다고 볼 수 있다. D형이 어떤 일을 할 때마다 승부욕을 갖고 하는 것처럼 I형은 매일 '호기심의 안테나'를 뽑아 새로운 것을 찾아 나선다. 그래서 I형은 굉장히 활동적이며 여전히 젊은 사람들의 스케줄을 갖고 있는 것처럼 보인다. 젊게 살고 싶다면 I형의 '호기심 안테나'를 설치하라.

어색함을 깰 사람

처음 만나는 사람들과 함께 있으면 어색하다. 그 어색함을 깨는 것이 생각보다 어렵다. 특별히 친해질 이유가 없다면 그 사람들과 대화를 하지 않고 나의 할 일만 하고 올 때가 많다.

이런 상황을 종종 겪는데 그때 어색함을 쉽게 허무는 사람들이 있다는 것을 알았다. 그들은 자신이 하는 일, 이름과 사는 곳, 오늘 이곳까지 오게 된 과정 등의 이야기를 술술 털어 놓는다. 이런 대화를 통해서 어색함의 무장을 해제시키는 I형은 어느 곳에서나 환영을 받는다. I형이 한 명 있냐 없냐에 따라 그곳의 분위기는 크게 변한다. 이들은 얼어붙은 곳을 금새 따뜻하고 부드럽게 만든다. 이들은 곧 "저희 커피 한 잔 할까요? 제가 살게요."라고 말하면서 사람들을 이끌고 카페로 향한다. 이들에게 이렇게 해서 전체 분위기를 주도하려는 목적 같은 것은 없다. 단지 어색하고 불편한 상황이 싫을 뿐이다.

당신이 어떤 새로운 모임을 시작하려고 할 때, 분위기를 빨리 좋게 만들고 싶을 때 누구를 먼저 구성원으로 데리고 와야 할지를 알 수 있을 것이다. 내가 어색함을 깨지 못한다면 I형을 찾아서 데려오자. 그들은 스스로 알아서 신규회원 관리를 하고 그들에게 자비로 커피도 사줄 것이다. I형은 절대로 이렇게 말하지 않는다.

"내가 화기애애한 분위기 만드느라 얼마나 힘들었는지 아세요? 나도 힘들었다고요. 이제 저에게 이런 일 시키지 마세요."

'다음에 함께 할게요' 라고 말해

회사에 경력직 영업사원이 입사를 했다. 영업파트이 긴 하지만 문서 작업도 하기 때문에 외부 미팅을 가게 되면 미리 직원들과 스케줄 공유를 해서 내부 업무에 차질이 생기지 않도록 해야 한다.

초반에는 그게 잘 지켜졌는데 언제부턴가 외근을 한 번 나가면 퇴근할 때까지 들어오지 않아서 내부 업무에 문제가 생긴 적이 한두 번이 아니다. 외근 나갈 때에는 꼭 그 시간에 들어오겠다고 말은 하지만 막상 나가면 지키지 못하는 것이다. 그래서 물었다.

"미팅이 길어져서 그러는 거 아냐? 미리 마칠 시간을 정해서 대화를 하라고."

저번에는 문서만 전해 주고 오면 되는 일이었는데, 거래처 사람들과 커피 한 잔 마시면서 이야기를 나누다가 저녁까지 먹고 늦게 돌아왔다. 거래처 사람들과 친하게 지내는 것은 좋다. 결국 영업이 늘어 회사에 도움이 될 수 있다. 하지만 시도 때도 없이 업체와 친하게 지낸다는 명분으로 시간을 과하게 보내니까 문제가 되는 것이다.

그의 과한 친화력에 대해서 안 좋은 평가까지 나오게 되었다. 저런 친화력의 사람은 혼자 일하면 좋겠다는 생각이 든다. 여러 사람들과 함께 일하는 곳, 규율이 정해져 있는 곳에서는 통제되지 않는 자유로운 영혼으로 비추어질 뿐이다. 맺고 끊는 것만 분명히 한다면 그의 성과는 성과대로 좋고 내부에서의 업무 평가도 좋게 인정을 받을 것이다. 그래서 안타깝다. 그는 스케줄을 즉흥적으로 변경하는 것을 주의할 필요가 있다. 아마 지금껏 융통성있게 살아온 것이 습관이 된 것 같다. 다음과 같은 거절을 연습하자. 몇 번 해 보면 어렵지 않음을 알 수 있을 것이다.
"저 식사는 다음에 함께 할게요. 다음 일정이 있어서요."

개그 자신감 회복하기 위한 방법

즐겨 보는 예능 프로그램이 있다. 어느 날 거기에 연예인 B양이 나왔다. D 개그맨은 "요즘 내가 못 웃겼는데 B양이 나왔으니까 자신감 좀 얻고 가겠다."라고 오프닝에서 말을 했다. B양보다 자신이 더 잘 웃길 수 있다는 말인지 그 의미가 무엇인지 궁금했다. 그리고 방송을 보면서 이해하게 되었다.

사석에서 B양을 만난 사람들은 그녀의 장점에 대해서 칭찬을 한다. 웃음도 아주 많고 감정표현도 풍부해서 함께 한 사람들이 즐거워할 수밖에 없는 사람이라고 말을 한다. 예능에서도 주변 동료들에게 오랜만에 봐서 반갑다는 인사와 함께 친밀함을 표현하는 모습이 여러 번 잡혔다.

B양의 장점은 별 이야기도 아닌 것에 크게 맞장구를 쳐주는 점이다. B양의 반응에 다른 참가자들은 자신

감을 얻고 자신이 하고픈 말을 다 할 수 있었다. 이 날 방송의 분위기는 B양이 없었다면 나올 수 없는 유쾌한 분위기였다. D 개그맨은 실제로 이날 아주 재미있는 입담을 보여 주었다.

혹시 자신이 요즘 재미없어졌다는 생각을 한다면 I형을 만나 보자. 그들을 만나 긍정적인 영향을 받고 자신감을 회복해 보자. 언제 해결될지 모르던 증상이 I형을 만난 그 날 바로 치유될 수도 있다.

하나라도 제대로 잡았어야 했는데

네 가지 세션, 34개의 논문과 사례 발표가 준비되어 있는 학술대회에 참여했다. 평소 관심있던 주제였기에 일정표를 보는 순간 눈이 빠르게 움직였다. 어느 세션의 어떤 사례 발표에 참석할 것인지 고민되었다. A 주제는 재미있을 것 같고, B 주제는 흥미로웠으며, C 주제는 최근에 주목을 받는 것이고, D 주제는 평소 나의 관심분야였다. 난 쉽사리 선택을 할 수 없었다. 모든 주제에 관심이 생겨 어느 하나에 집중할 수 없었다.

결국 컨퍼런스가 시작되고 난 모든 방들을 긴급하게 넘나들었다. 조금 듣다가 다른 곳으로 옮기고, 또 조금 듣다가 옮기는 것을 반복했다.

집에 와서 생각해 보니 어느 하나의 방에서도 깊이 있게 이야기를 듣지 못했다. 열정의 스위치를 잠시 껐어야 했다. 다 놓치느니 하나라도 제대로 잡았어야 했는데.

이상한 홍익인간

프리랜서인 그녀는 오늘도 바쁘다. 그녀의 바쁜 일정은 일이 아닌 사적영역에서 주로 일어난다. 어젯밤에는 모임에서 알게 된 어느 대학생의 연예상담을 하다가 새벽 3시에 잠들었고, 오늘 오전에는 일면식도 없는 중년 여성의 인생상담을 메일로 써서 보냈고, 오늘 오후에는 지인의 소개로 알게 된 전역한 군인을 대상으로 진로상담을 했다. 그녀는 거절을 하지 못해 어쩔 수 없이 도와주는 것이 아니라, 스스로 나서서 돕는 사람이다. 본인을 필요로 하는 누군가가 있으면 발 벗고 나서서 돕기 때문에 그에겐 늘 부탁하는 사람들로 넘쳐난다. 그 부탁을 자신에 대한 인정으로 생각해서 열심히 도와주는 것이다.

그런 부탁들을 처리하느라 그녀의 하루, 일주일, 한 달은 바쁠 수밖에 없다. '바쁘다'라는 말을 달고 사는 그녀는 이번 달 월세도 내지 못했다. 그런 그녀를 걱정하는 친구가 그녀에게 왜 그렇게 사는지 물었다. 그때 그녀가 하는 답변,

"난 홍익인간 정신으로 살아. '널리 인간을 이롭게 하라.' 알지?"

엥? 홍익인간? 이게 어떻게 홍인인간인가? 본인 먹고 살 걱정은 해야하지 않나? 일만 만들 뿐 실속 없는 그녀는 아직도 뭐가 자신의 문제인지 모른다. 그 문제를 '홍익인간'이라는 단어로 덮고 있는 것이다. 이건 그냥 오지랖일 뿐, 난 그녀에게 마지막 조언을 했다.

"넌 결혼하지 말고 혼자 살아야 해. 알겠지?"

혼자 가니까 재미없더라

대부분의 사람들은 버킷리스트를 작성할 때 여행을 꼭 집어 넣는다. 여행을 싫어하는 사람은 아마 없을 것이다. 여행을 계획했다면 어떤 스타일의 여행을 갈지 고민을 하게 된다. 한 마을에만 머물며 시간을 보내는 여행, 인증샷을 찍기 위해 여러 곳을 부지런히 다니는 여행, 주로 쇼핑만 하는 여행, 혼자만의 시간을 즐기는 여행 등 저마다 원하는 스타일이 다르다. 요즘 들어 혼자만의 여행을 즐기는 사람들이 늘어나는 것 같다. 아무래도 바쁜 일상으로부터 벗어나 휴식을 취하고 싶어서 그런게 아닌가 싶다. 주변에서도 혼자 여행하는 것을 추천한다. 하지만 여행은 혼자 가는 것이 절대 아니라고 말하는 사람들이 있다. 그들은 대부분 I형인데, 함께 하는 것의 중요도가 큰 사람들이기 때문이다. 그래서 이들은 여행을 가겠다는 결심을 하면 누구와 갈 것인지를 먼저 생각한다. '함께 가는 것'이 더 중요하지 '어디를 갈 것인지'는 그 다음이다. 이런 여행 모습 때문에 I형의 여행은 주변에 소문이 잘 난다. 조용히 혼자 다녀오는 경우가 거의 없기 때문이다. 하지만 I형도 너무 지치게 되면 언젠가는 혼자 여행을 다녀오지 않을까. 그래도 분명 이렇게 말을 할 것이다.
"혼자 가니까 재미없더라. 여행은 친한 사람과 함께 가야 해. 너 나랑 같이 갈래?"

나 요즘 혼술하고 있어

퇴근 후 한 잔하는 것에 큰 의미를 두는 직장인들이 있다. 퇴근 후 동료나 친구와 함께하는 술 한잔은 지친 일상에서 자신을 위로하는 하나의 방법이 되기도 한다.

술을 하는 여러 가지 이유가 있을 것이다. 동료와 대화를 하며 지친 마음을 풀기 위해서, 또는 술 자체가 주는 재미 때문에 술을 마실 것이다.

술은 커피보다 훨씬 다양한 맛과 향을 제공한다. 그 이유는 훨씬 다양한 재료로 만들기 때문이다. 술을 즐기다 보면 나와 비슷하게 즐기는 사람들과 함께하게 되기도 한다.

I형이 혼술을 하게 되면 어떤 모습일까? 사람들과 어울리는 것을 좋아하는 I형에게 혼술은 왠지 어색한 단어가 아닐 수 없다. I형의 혼술은 금새 새로운 술

친구를 만들게 해 준다. I형은 혼술로 시작하더라도 금새 술동호회로 발전하는 모습을 보여준다. 그러고 보면 I형에게 혼술은 결국 혼술이 아닌 셈이다. 하지만 I형도 "나 혼술하고 있어."라고 말할 수 있다. 분명 시작은 혼술이었으니까.

혼술을 하다가 지겹거나 심심하면 빨리 주변의 I형을 찾아보자. 그들은 바로 내 옆에 앉아줄 것이고, 심심한 분위기를 해소해 줄 뿐만 아니라 입이 아플 정도로 웃게 만들어 줄 것이다. 이쯤 되면 I형이 말하는 혼술의 의도를 잘 알아듣자.

"나 요즘 혼술하고 있어. 맛있는 술들이 많아."

무슨 의미일까?

"나 널 위해서 술을 준비했어. 함께 할래?"

네버 엔딩 제안

"너 오늘 할 일 있어? 바쁘지 않으면 나랑 같이 다니자. 내가 이따 잠깐 어디좀 가야 하는데 내 차로 같이 가자. 차에서 이야기도 하고 좋잖아?"
친구가 오늘 하루 함께 하자고 하길래 난 무슨 일이 있나 싶었다. 그런데 막상 함께 해 보니 그냥 자기가 심심해서 같이 다니자고 하는 것이었다.
오후에 갑자기 PC 작업을 할 게 생겨서 친구에게 지금부터는 같이 가지 못할 것 같다고 말을 해 주었다. 그런데 친구는 "그럼 내가 지금 갈 곳 근처에 잘 아는 부동산이 있는데 거기에서 작업하고 있어. 무선 인터넷도 돼."라고 말하는 것이 아닌가. 나를 계속 데리고 다니고 싶어서 그런가 왜 이런 이상한 제안을 하는지 이해를 할 수 없었다. 더 이해가 되지 않는 것은 내가 알지도 못하는 부동산에 들어가 업무를 보라니! 무슨 의도일까 매우 궁금했지만 결국 친구의 안내를 받아 전혀 모르는 부동산에 들어가게 되었다. 안에는 세 분의 여성 부동산 중개인이 있었다. 친구는 그 세 분에게 "제 친구인데 여기에서 잠깐 업무 좀 볼게요."라고 말을 건넸고, 난 곧바로 그 분들의 눈을 쳐다보지 않을 수 없었다. 예상대로 그 분들도 황당한 표정을 지었다. 너무 갑작스럽고 어처구니없는 부탁이지만 거절을 하지 못한 눈빛. 난 이미 벌어진 일이라 난처함을 무릅쓰고 중간에 놓인 테이블에 앉아 아무것도 모른다는 듯이 노트북을 열고 30분 정도 업무를 보았다. 그 친구는 근처에서 자신의 업무를 마치고 부동산으로 다시 돌아와 나를 데리고 나갔다.

난 업무를 보긴 했지만 이건 아니다 싶어 친구에게 말을 했다. "오늘 왜 그래? 얼마나 불편했는지 알아? 사람을 하루 종일 데리고 다니는 것도 그렇고, 알지도 못하는 부동산에 들어가 인터넷을 쓰라고 하는게 말이 돼?"

하지만 친구는 웃으며 "왜? 하루 종일 같이 다니니까 재밌잖아? 인터넷도 공짜로 쓰고. 난 재미있는데!"라고 말하는 것이 아닌가. 난 이 친구의 과한 사교성에 점점 부담을 느끼게 되었다. 자신은 괜찮다고 하지만 상대방은 그렇지 않다는 것을 알지 못한다. 이후로 난 이 친구의 제안에 대해서 거절하는 횟수가 늘어났다. 물론 간혹 허락을 했다가 똑같은 불편함을 겪었던 적이 몇 번 있기는 하다. 내가 자꾸 거절을 해서 그런지 그 친구의 과한 제안은 다른 사람에게로 넘어가 버렸다. 그리고 그 사람으로부터 연락이 왔다.
"아니 그 친구 왜 그래? 무슨 일이 있었냐면..."
안 봐도 뻔하다. 내가 이미 겪었던 것을 다른 사람이 겪고 있었다. 이 사람도 거절하면 친구의 제안은 또 다른 사람에게 넘어갈 것이 확실하다. 그 친구는 여전히 자신은 재미있는 것을 제안한다고 생각할 것이다. '네버 엔딩 제안'이다.

4부

S type

.

부모에게 반드시 필요한 것
자율성
집요해서 싫어요
코로나가 삶을 바꾼다
「응답하라 1988」에서 가장 매력적인 유형
이사가 싫어요
피트니스센터에 오지 않는다
가장 효과적인 기다림의 전략
이유를 모르는 방 탈출
익숙한 길 두 개
나의 기호 말하기
겹치는 약속
거절을 하지 못하고 퇴사를 선택했다
말한다고 안 잡아먹어
적막만 흐르는 가족회의
비대면이 좋아요
친구의 결혼식 연락
어린이집 교사
나보고 어떡하라고?
제가 맨 뒤로 갈게요

부모에게 반드시 필요한 것

부모가 되었을 때 반드시 필요한 것은 S형의 '기다려 주기'와 '참아 주기'다. 이 두 가지는 하루도 거르지 말고 매일마다 필요하다. 이것을 사용하지 않으면 자신과 아이 모두에게 안 좋은 결과를 가져오며 부부싸움으로도 이어질 수 있다.

S형이 낮은 사람들은 사용하지 않았던 S형 사용하기가 여간 불편한 것이 아닐 것이다. 그래서 짜증을 내는 것이 훨씬 편하다. 육아는 인생에서 가장 중요한 일 중에 하나다. 이 중요한 일을 자연스럽게 잘 하는 유형은 S형이다. 육아의 고통을 서로 떠넘기려고 하지 말고 S형의 모습을 공부하자. 부모 교육에 대하여 어렵게 생각하지 말고 S형에게 힌트를 얻어보자. 대부분 화를 내고 짜증을 부릴 때 그들은 동일한 상황에서 아이들과 함께 웃을 수 있다.

자율성

자율성autonomy은 '자기 자신'을 뜻하는 auto와 '법'을 뜻하는 nomos가 결합된 단어다. 자신이 정한 법을 따른다는 의미다. 이 좋은 단어를 어려워하는 유형은 S형이다.

학부수업에서 학생들에게 멘토를 인터뷰하는 것을 과제로 내주었다. 관심 있는 진로분야의 멘토를 선정하고 인터뷰를 한 다음, 월말까지 이러닝 과제란에 제출을 하면 된다고 공지를 했다. 분량 제한도 없고, 형식도 자유롭다. 난 학생들이 자유롭게 자신들의 생각대로 과제를 잘 할거라 생각했지만 예상과 달리 S형 학생들의 질문이 쏟아지기 시작했다.

"조는 몇 명으로 짜요? 5~6명이요? 4명 이하면 감점인가요?"

"멘토선정은 어떻게 해야 해요? 지인을 멘토로 선정

해도 돼요? 학과 지도교수님도 되나요? 공무원인 사촌오빠도 가능해요?"

"멘토를 대면으로 만나지 않고, 비대면으로 만나 인터뷰하면 점수가 깎이나요? 메일로 해도 돼요? 직접 찾아가야 하나요? 전화로 하는 것도 될까요?"

"인터뷰 질문은 몇 개로 해요? 10개 이상이어야 하나요?"

"인터뷰 시간은 어느 정도 해야 하나요? 1시간 이상은 해야 하나요?"

"레포트 만들 때 조원들 다 나오도록 인증샷을 찍어야 해요? 얼굴은 꼭 나와야 돼요?"

과제를 자율에 맡긴다고 했지만 S형 학생들은 과제를 점점 자율이 아닌 것으로 만들고 있었다.

"너희들 자율이 뭔지 모르니?"

집요해서 싫어요

"언제까지 하실 수 있어요?"
"오늘 안으로 할게요."
"오늘 언제까지요?"
"제가 안 하는 사람도 아니고, 제가 오늘까지 꼭 할게요."
…
저 상사는 왜 날 이렇게까지 닦달하는지 모르겠다. 오늘 한다고 했는데 꼭 몇 시까지 할거냐고 구체적인 시간을 묻는다. 너무 집요하다. 숨이 막힌다. 구체적으로 대답할 때까지 묻는다.

과도하게 답변에 집착하는 것은 분명 문제가 된다. 이런 상황을 어떻게 헤쳐 나갈 수 있을까. 이런 집요함을 가장 힘들어하는 유형은 S형이다. S형은 닦달하지 않고 기다려 주기를 원한다. 하지만 그런 기다림을 전혀 허용하지 않는, 성격이 급한 사람들이 많다. 이들은 계속 "할거야, 말거야?", "시간만 말해."와 같은 말을 반복한다. S형이 이런 질문을 피할 수 없다면 어떻게 하면 좋을까? 단순하게 '오늘'이라고 말하지 말고, 구체적인 시간을 말하자. S형은 숫자로 이야기하는 것을 어려워하고 어색해 한다. 그래서 계속 이어지는 집요한 질문에 대해서도 여전히 구체적인 숫자를 말하지 않는다. 이제는 숫자를 말해 보자. 상대의 반응이 달라질 것이다. 그것이 성격이 급한 상대의 마음을 만족시킬 수 있음을 알자. 숫자를 말하지 않는다면 당신은 여전히 대충대충 일을 하는 사람으로만 보일 뿐이다.

코로나가 삶을 바꾼다

외향형이 내향형에 비해서 좋게 평가되는 분위기는 부인할 수 없다. 그래서 내향형이 되어 보자고 말하는 프로그램은 별로 없다. 집에만 머무는 삶은 뭔가 부족하고 문제가 있는 것처럼 느껴진다. 그래서 부모는 아이를 태권도 학원에 보내고, 어른은 동호회에 들어가 활동을 한다. 그럴 때 정상적인 삶을 살고 있음을 느끼기도 한다.

이런 뿌리 깊은 고정관념이 언제 시작되었고 언제 끝날지는 그 누구도 알 수 없다. 하지만 그 가능성을 보여준 것이 코로나^{covid19}다. 방역수칙을 잘 지키기 위해서는 외출을 자제하고 긴 시간 집에 머물 수 있어야 한다. 자꾸 밖으로 나가고자 하는 충동을 잠재워야 하는데 외향형들은 이것을 너무나 힘들어한다. 그 증거는 위험한 단계의 상황인데도 여전히 여행을 가고, 밀집지역에 가는 사람들이 있다는 것이다. 하지만 이런 상황에서 큰 불편함을 느끼지 않는 유형이 있으니 그들은 S형이다. 코로나 이전에도 사람들을 만나기 보다는 주로 집에 있었고 코로나 팬데믹 상황에서도 그렇다. 자꾸 밖으로 불러내는 주변의 연락 때문에 힘들었는데 이제 그런 강요가 줄어들어 훨씬 편해졌다. 이제는 활동을 늘이라고 하는 주제의 책을 읽을 이유가 사라졌다. '떠나자', '일단 나가자', '많이 만나자'고 주장하는 책들은 코로나 상황에서 그 설득력을 잃어버렸다. 같은 장소에서 긴 시간 정해진 사람들과 함께 있는 것을 알려주는 주제의 책이 더 현명해 보인다. 코로나가 삶을 바꿨다고 말하는데 그 중심에 S형의 삶의 모습이 있다. 이젠 S형이 어떻게 삶을 즐기는지 그것을 빨리 배우는 사람이 지혜로운 사람이지 않을까.

「응답하라 1988」에서 가장 매력적인 유형

S형을 네 가지 유형 중에서 가장 무능력하다고 말하는 사람들이 있다. 물론 일적으로 보면 일리가 있는 말이기도 하다. 변화를 싫어하고 안정적인 삶을 원하기 때문에 이들의 활동력은 매우 적을 수밖에 없고, 원하는 것에 대해서도 거의 주장하지 않는다. 하지만 바라보는 관점을 바꾸면 그 평가는 뒤집혀진다. 드라마 「응답하라 1988」을 보았는가? 과거의 추억을 떠오르게 하는 이 드라마에는 다양한 특징의 인물들이 등장한다. 드라마를 다 본 사람들에게 "누가 가장 매력적인 인물이었어요?"라고 물어보면 "최택."이라고 답하는 사람들이 많다. 택이 왜 가장 매력적으로 느껴졌을까?

택은 이 드라마에서 가장 존재감이 없는 인물이다. 대사도 별로 없다. 친구들과 놀 때에도 말이 별로 없고 바둑 대회에 출전할 때에도 바둑만 두기 때문에 역시 거의 말이 없다. 바둑에 대한 피곤함 때문인지 잠자는 모습이 대부분이다. 그런 택이 왜 가장 매력적이라고 느껴졌을까? 택은 S형이다. 활동이 거의 필요하지 않은 바둑은 택에게 적합한 직업이기도 하다. 하지만 바둑이라는 것이 뇌의 활동만큼은 너무나 크기 때문에 경기에서만큼은 예민함을 보여 주기도 했다. 예민할 때 주변 사람들과 갈등을 일으키지 않으려고 식사도 하지 않고 숙소에서만 머무는 모습을 보였다. 물론 배우가 잘생겼다는 것도 매력에 큰 몫을 했을 것이다.

바둑 대회의 모습 외에는 친구들과 방에 모여 노는 모습이 대부분이다. 택은 친구들이 집에 놀러 오는 것을 다 허용했다. 그래서 친구들은 쉽게 택의 방에 놀러 갈 수 있을 뿐만 아니라, 택이 없는 경우에도 자기들끼리 택의 방에서 놀기도 했다.

S형의 집은 동네 사랑방 역할을 한다. 모두 친하게, 갈등 없이, 화목하게 지낼 수 있는 조력자의 역할이다. 그래서 우리도 '택과 같은 친구가 있으면 좋겠다'라는 생각을 하게 된다. 드라마의 마지막회로 가면 결국 덕선이와 결혼한 것을 알 수 있다. 그것은

시청자들도 원했던 결과였다. 존재감이 크지 않다고 S형을 쉽게 보지 마라. 그리고 이용해 먹지도 마라. 만약 그렇게 한다면 정말 나쁜 놈이 되는 것이다.

이사가 싫어요

"저와 결혼하기 위한 조건으로 제가 사는 도시에서 살아야 해요. 절 서울로 데려가려고 하지 마세요. 그게 제가 가장 원하는 조건이에요."

어느 S형 여자가 사귀는 남자에게 결혼 조건으로 한 말이다. S형은 안정적인 삶을 원한다. 현재 살고 있는 도시에서 이사하지 않고 계속 같은 곳에 사는 것이 가장 안정적이다. 분명 근처에 친정 부모의 집도 있을 것이다. 도와줄 부모님, 자주 만났던 친구들, 익숙한 도시의 동선, 이 모든 것이 마음을 편안하게 해 준다. 큰 물에서 놀아야 성공한다고 하는 말은 S형에게 통하지 않는다. 그래서인지 S형은 성공에 대한 욕심도 없는 것 같다.

피트니스센터에 오지 않는다

직접 운영하고 있는 피트니스센터의 발전을 위해서 DISC를 활용한 적이 있었다. 고객의 DISC유형에 따른 트레이너의 유형 만족도를 조사했는데 이때 특이한 결과가 나왔다.

D형 고객은 D형 트레이너를 원한다. 운동을 할 때 고객이 힘들다고 말하더라도 계속 압력을 가하는 트레이너를 원한다. 숨 쉬는 것조차 힘들 때 "한 번 더 하세요."라고 단호하게 말하는 트레이너 말이다.

I형 고객은 I형 트레이너를 원한다. 운동을 시키면서도 재미있는 농담을 하거나, 저녁 때 따로 만나 함께 맛있는 것도 먹는 그런 자유로운 트레이너를 원한다.

S형 고객은 S형 트레이너를 원한다. 힘들다고 할 때 계속 밀어붙이는 것이 아니라 상황과 사정에 따라

휴식을 잘 허용해 주는 트레이너를 원한다.

C형 고객은 C형 트레이너를 원한다. 부위별 운동을 시킬 때 그 부위의 이름은 무엇이고, 그 동작이 어떤 근육을 강화시키는지 정확한 설명을 원한다.

고객과 트레이너가 같은 유형일 때 운동의 만족도는 훨씬 크다. 원하는 것과 시키는 것이 일치하기 때문이다.

하지만 위의 내용 중 하나는 사실이 아니다. 실제로 현실에서는 그렇게 일어나지 않는데 그것은 어느 유형일까? 그것은 바로 S형이다. S형의 이야기도 맞는 것처럼 보이지만 그렇지 않다. S형은 피트니스센터에 잘 가지 않는다. 운동하러 가는 것을 좋아하지 않을 뿐더러, 매주마다 가는 날을 챙겨야 하는 불편함을 만들고 싶지도 않다. 만약 불가피한 이유로 센터에 가서 등록을 하더라도 실제 운동하는 날은 며칠 되지 않을 것이다. 왜냐하면 가장 안정적인 것은 운동을 하러 가지 않고 집에 있는 것이기 때문이다.

트레이너에 대해서도 설명할 게 있다. S형 고객이 운동하러 가지 않는데 S형 중에서 트레이너가 나올 수 있을까? 없다. 이렇게 보면 S형은 피트니스센터와 거리가 먼 유형이다. 만약 자신이 다니는 곳에 S형이 있다면 잘 관찰해 보자. 며칠 후 보이지 않을 것이다.

가장 효과적인 기다림의 전략

사람들은 느린 것보다는 빠른 것을 선호한다. 왜냐하면 그것이 더 효과적이라고 생각하기 때문이다. 실제로 그런 경우가 많다. 하지만 과연 모든 경우에 다 그럴까? 그렇지 않다. 특히 어른이 아이들을 지도할 때 더욱 그렇다.

학창 시절 학생주임 선생님을 기억해 보자. 갑자기 교실에 들어와 자신의 기준에 맞지 않은 학생들을 복도로 불러내 혼냈다. 심지어 때리기까지 했다. 학생들은 그런 선생님이 무서워 이후에는 머리도 짧게 깎고 복장도 제대로 갖추어 입었다. 하지만 이것은 강한 체벌의 효과일 뿐이다. 학생들은 언제든지 학교로부터 벗어나기만 하면 다시 자유를 찾고자 한다. 학생주임 선생님의 일시적인 압박은 그리 오래가지 않는다.

담배를 피는 학생들은 학생주임 선생님의 눈을 피해 계속 담배를 핀다. 아마 학교를 졸업하면 그들은 반항이라도 하듯이 마구 담배를 필 것이다. 그런데 이런 학생들의 생각을 바꾼 선생님이 있었다. 그는 S형 교장 선생님이다. 흡연율이 40%나 되는 학교에 부임했는데 그 학교의 흡연율을 0%로 낮추었다. 도대체 S형 교장 선생님의 어떤 능력이 이것을 가능케 했을까? 그는 학생들의 담배 피는 모습을 불량한 것으로만 생각하지 않았다. 그의 말에서 이유를 찾을 수 있었다.

"초등학교, 중학교 때 담배를 입에 대기 시작하면 끊기가 쉽지 않아요. 그 아이들에겐 담배가 엄마 젖꼭지 대신이기 때문이에요. 아이들이 어릴 때 담배를 배우는 이유는 딱 한 가지입니다. 학부모 때문이지요. 부부지간 사이가 안 좋으면 불안감이 아이들 마음에 파고들어요. 부모가 다투는 걸 보면 두려움이 생기고 자신이 의지할 곳이 없다고 느끼는 거죠. 그러면 친구에게 의지하게 됩니다. 그런 친구가 만약 담배를 피우면 자기도 담배를 입에 대는 거죠."

그러면 교장 선생님은 어떻게 아이들을 지도했을까? 일일이 앉혀서 상담을 했을까? 아니다. 특별한 지도를 하지 않았다. 그는 같이 놀았을 뿐이라고만 말한다. 학생들이 행복과 재미가 뭔지를 알게 되면 금방 바뀔거라고 생각했는데 실제로 흡연하는 학생들은 사라졌다. 신기한 결과다. 아이들의 내면이 변화할 수 있도록 기다린 것이다. 담배를 피지 말라는 이야기는 꺼내지도 않았다.

S형은 기다려 주는 재능이 있다. 이것이 일의 속도를 늦춘다고 저평가하는 사람들이 많다. 하지만 기다림이 필요한 사람들에게 이 전략을 쓸 수 있는 사람은 S형밖에 없다. 눈 앞의 성과를 바로 원하는 사람은 윽박지르고 강요하고 집요하게 묻는다. 하지만 상대가 진정으로 바뀌기를 원하는 사람은 기다려줄 줄 안다. '내 눈 앞에서만 담배 피지 않는 것'과 '스스로 마음을 바꿔 담배를 피지 않는 것' 중 어느 것이 훌륭한 선생님의 효과일까? 후자이지 않을까? 하지만 전자의 방법 사용에 대해서는 우리 모두가 그럴 수밖에 없다는 이해를 하고 있지 않은가. 그래서 '기다림의 효과'를 사용하지 않고 또한 인정하지도 않는다. 이제는 S형의 '기다림'을 연구하고 실행할 때가 되었다.

이유를 모르는 방 탈출

"000이랑 연락되는 사람 있어?"
몇 년 동안 문제 없이 잘 운영이 되고 있던 모임 단톡방에서 성실하게 활동하던 사람이 갑자기 말없이 나가 버렸다. 그 이유를 아는 사람은 없다. 왜냐하면 그와 연락이 되는 사람이 없기 때문이다.
시간이 한참 지나 그 사람과 친했던 사람으로부터 무슨 일이 있었는지를 듣게 되었다.
모임 활동을 하면서 갈등 상황이 종종 벌어졌는데 참아보기도 했지만 결국은 견디지 못하고 모임을 나갔다는 것이다. 하지만 그는 그 당시 그런 불편한 기색이 전혀 없었다. 불편한 상황이 있었을 때 그에 대해 불만을 말하지 않았던 것은 갈등이 더 커질 것 같아 그냥 말았다는 것이다.
그러고 보니 그 사람은 평소에도 자신의 의견을 표

현하기보다는 참는 경우가 많았다. 우리는 그냥 아무런 불만이 없는 사람으로만 생각했다. 그렇게 큰 스트레스를 받고 있을 거라고는 생각지 못했다.

말도 없이 사라져 버리는 사람, 그 누구도 이유를 알 수 없는 사람, 이것은 S형이 만드는 황당한 상황이다. 미안하기도 하면서 답답함도 함께 밀려온다. S형은 때로는 의견이 맞지 않아 싸울 수도 있다는 것을 받아들였으면 좋겠다. 실제로 싸우라는 것이 아니다. 하지만 싸우는 것이 무서워 그 전에 피해 버리는 것도 좋은 방법은 아니다. 갈등과 싸움도 사람들이 사는 가운데 일어나는 자연스런 현상이다. 또한 싸운 후에 더 친해지는 경우도 있지 않은가.

익숙한 길 두 개

엄마는 한 동네에서 오래 살면서도 출퇴근길을 단 한 번도 바꾼 적이 없다. 늘 다니시던 길로만 다녔다. "엄마, 이쪽 길이 지름길이라서 훨씬 빨리 갈 수 있어."라고 말씀드리면 엄마는 "그쪽 길은 공사를 할 수도 있어. 엄마가 가는 길은 공사를 할 일이 없어."라고 말씀하신다. 더 빠른 길을 두고서 매 번 다니던 길로만 다니시는 엄마. '공사'는 그냥 핑계로 하는 말 같아 보인다.

어느 날 엄마는 마음을 바꿨다. 내가 몇 번이나 이야기를 해서 그런지 드디어 새로운 길을 가보겠다는 것이다. "새 길로 가려고 하는데 같이 가줄 수 있어? 예행연습이 필요해." 난 바로 도와드렸다. 다른 사람이 부탁했다면 "무슨 예행연습이야? 애도 아니고, 혼자 가."라고 했을 것이다. 엄마의 예행연습은 분명 큰 도전이었다. 엄마가 도전한 새로운 길은 어느 순간 익숙한 길이 되어 버렸다. 이제 엄마에게 익숙한 길은 두 개.

새로운 길로 가면 항상 무언가 예상치 못한 상황이 발생할 수 있다고 두려워하던 엄마. 익숙한 길 하나 더 늘어난 것뿐이지만, 엄마에게는 쉽지 않은 도전이었다. 그 도전을 도와드릴 수 있었다는 것이 나에겐 기쁨이었다.

나의 기호 말하기

"오늘 점심 뭐 먹을까?"
"글쎄, 넌 뭐 먹고 싶은데? 너 먹는 걸로 나도 할게."

"생일 때 뭐 갖고 싶니?"
"아무거나...네가 사주는 건 뭐든 괜찮아."

"이거 어때? 맘에 들어?"
"이, 네가 고르는 것으로 할 게."
이런 답변을 처음 들었을 때에는 상대방이 나에게 배려를 하는 것처럼 느껴졌다. 그런데 그는 나한테만 그런 것이 아니라 모두에게 똑같은 방식으로 답을 한다. 배려가 아닌 우유부단이었다.
사람들은 보통 자신만의 기호嗜好를 가지고 있다. 그

런데 S형은 자신의 기호를 분명하게 말하지 않는다. 타인은 그것을 S형의 배려라고 생각하기도 한다.

S형은 오히려 이기적일 필요가 있다. 왜냐하면 자신의 목적을 말하지 않으면 다음부터는 S형에게 선택권을 주지 않을 수도 있기 때문이다. 어차피 돌아오는 답변이 뻔하니 굳이 물을 필요가 없지 않은가. 이런 점 때문에 S형은 남에게 휘둘리기 쉽다. 자신이 정말로 원하는 기호를 말해 보자. 자신의 인생을 남이 조종하게 해서는 안 된다. 당장 점심 메뉴 선택부터 용기를 내자.

"오늘 점심 뭐 먹을까? 음...난 짜장면 먹고 싶은데, 너도 그렇지?"

상대가 먼저 짜장면을 먹자고 하는데, 당신은 햄버거를 먹고 싶다면, 다음과 같이 말하자.

"아니야. 오늘은 햄버거 먹을 거야."

이것은 상대를 곤란하게 하는 거절이 아니다. 그냥 나의 기호를 말한 것뿐이다. 전혀 이상하지 않으니 과감하게 사용하자. '나의 기호 말하기'

겹치는 약속

약속에 늦는 사람에 대한 I형 이야기가 89페이지에 있었다. 이번에는 S형의 이야기다. S형이 늦는 이유에는 거절하지 못해 겹치는 약속을 잡은 것이 한몫한다. 일정을 보고 가능한 약속만 잡으면 되는데 S형은 거절을 하지 못하고 이 약속 저 약속 다 잡게 된다. 그러다 보면 앞뒤로 촉박한 약속 뿐만 아니라, 같은 시간의 중복 약속도 잡는다. 일정을 확인하고 다시 조정을 하거나 거절을 해야 하는데 그렇게 하지 않고 결국 겹치는 약속을 그냥 맞이한다. 약속 자리에 나타나지 않은 사람을 이해해 줄 수 있는 사람이 얼마나 있을까? S형은 "미안해."를 연발하지만 미안한 행동을 처음부터 하지 않는 것이 더 낫다. 미안하다고 할 수밖에 없는 상황을 허용해 놓고 미안하다고 하니 결과는 뻔하다. 이후에는 사람들이 S형과 약속 잡는 것을 꺼리게 된다. 이 또한 S형이 원하는 것이다. 그동안 거절을 하지 못해 약속을 잡았지만 이제는 상대가 신뢰를 하지 못해 약속을 잡지 않으니 S형은 편한 마음을 가질 수 있다.

거절을 하지 못하고 퇴사를 선택했다

A팀과 B팀이 있다. A팀에는 거절을 잘 못하는 Y대리가 있다. A팀장과 Y대리는 너무 많은 업무 때문에 힘들어하고 있는 상태였다. 매일 바쁘게 일을 처리해 나가고 있는데, 어느 날 B팀장이 Y대리에게 어떤 일을 부탁했다. Y대리는 원래 거절을 잘 못하는 사람이라 B팀장의 부탁을 들어주었다. A팀 안에서 Y대리의 업무 처리 속도는 점점 느려졌다. A팀장은 Y대리가 무슨 일로 바쁜지 확인을 했고 B팀의 일을 하느라 바쁜 것을 알게 되었다. A팀장은 바로 B팀장에게 전화를 해 따지기 시작했고 고성이 오가는 말싸움으로까지 커지게 되었다. A팀장은 B팀장이 Y대리가 거절을 잘 하지 못하는 것을 알면서 일을 부탁한 것에 대해 더 화가 났다. 하지만 B팀장 입장에서도 할 말은 있었다. Y대리에게 정말 할 수 있는지 여러

번 확인을 했던 것이다.

얼마 후에 Y대리는 퇴사를 했다. 자신에게 일을 많이 시킨 것이 원인이 아니었다. 자신 때문에 두 팀장이 싸우는 것이 불편했던 것이다. 갈등이 일어나는 것이 싫어서 거절을 하지 않고 묵묵히 일을 해 오고 있었는데 자신 때문에 다른 사람들이 싸우는 것은 참을 수 없었던 것.

이런 상황이 벌어지지 않기 위해서는 Y대리가 B팀장에게 "저 바빠서 못해요."라고 거절을 하면 되는 것이었다. 그런데 거절을 하지 못하고 갑작스런 퇴사를 선택했다. A팀장과 B팀장 모두 황당한 상황이다. 자신들이 Y대리를 내쫓은 공격자가 된 것이다.

옆 C팀의 팀장이 와서 두 팀장에게 의미심장한 말을 한다.

"Y대리 때문에 싸운 거잖아? 이제 Y대리도 없으니 안 싸우게 되고 좋지 뭐. 팀에 거절 못하는 사람이 있으면 이런 일이 발생해. 이제 그런 일은 없을 거야. 전부터 해 주고 싶은 말이었는데 이제야 할 수 있네."

말한다고 안 잡아먹어

친한 친구가 이사를 해서 친구들과 함께 집들이를 간 적이 있다. 다 같이 저녁을 먹으면서 이런저런 이야기를 나누었다. 우리 중에는 말을 하기보다 주로 듣기만 하는 친구가 한 명 있었다. 그 친구는 이 날에도 여전히 말이 없었다. 느낌이 이상해서 그 친구에게 물어봤다.
"뭐 불편한 것 있어? 오늘따라 말이 더 없네?"
이 친구가 하는 말 "사실은... 나 너무 더워서, 땀이 많이 나는데 참고 있었어."
"덥다고? 말을 하지 그랬어. 창문이라도 열면 되는데."
그 친구의 등을 보니 이미 땀으로 옷이 젖어 있었다. 다른 사람 같았으면 벌써 덥다고 이야기를 했을 것이다. 착한 건지 미련한 건지.

"다들 덥지 않은 것 같아서, 괜히 나 때문에 창문 열자고 말하기가 좀 그래서..."
다른 사람들이 원하지 않을 것까지 미리 예상해서 배려를 하는 것 같은데, 사실 이건 배려가 아니라 미련한 것이다.
집주인인 친구가 그 친구에게 "편하게 이야기를 해. 말한다고 안 잡아먹는다!"라고 웃으면서 말했지만, S형인 그 친구는 여전히 어딘가 불편해 보였다.
다른 사람들이라면 편하게 말할 수 있다고 생각되는 이야기조차도 그 친구는 쉽게 말하지 못할 때가 많다. 그리고 일어나지 않은 일까지 걱정해서 하고 싶은 말을 참는다. 이런 S형에게 꼭 해 주고픈 말이 있다.
"좀 너 중심으로 생각해 봐."

적막만 흐르는 가족회의

칠순을 넘긴 노모의 치아 문제로 각자 멀리 살고 있던 자식들이 모였다. 틀니를 해야 하는데 윗니의 경우 틀니를 걸 수 있는 치아는 딱 한 개. 이가 안 좋으니 음식을 제대로 드실 수 없었고 전부터 여러모로 불편함을 호소하셨다. 임플란트를 꼭 해 드려야 할 듯하다. 넉넉잡아 9개는 해야 할 것 같다.

자식들 모두 모였지만 선뜻 나서서 추진을 하는 이가 없다. 누군가 주도적으로 나서서 어떻게 하자고 말을 해야 일이 진행되지 않겠는가. 눈치게임 같아 보이지만 형제들의 이런 모습은 이번만이 아니다. 형제들 대부분은 S형이다. 누군가 나서서 비용은 이렇게 하고, 병원은 어디로 하고, 누구는 무엇을 맡고, 누구는 어떻게 할 건지 역할을 분담해야 하는데 가족회의를 하긴 하지만 추진하는 사람이 없어 회의의

진척이 없다.

이들은 왜 나서지 않을까? 아마 대부분 이런 생각을 하고 있을 것이다. 누군가에게 부담을 주는 상황이 벌어질 수 있고, 누군가 언성을 높이게 될 수 있다는 생각. 이들의 머릿속은 점점 복잡해진다. 그러나 여전히 아무 말이 없다. 적막만 흐르는 가족회의. 노모의 임플란트는 언제쯤 가능할까?

비대면이 좋아요

비대면 교육에 참여했다. 오디오와 비디오 기능이 있지만, 난 곧바로 비활성화 버튼을 눌렀다. 멀리 있는 강의장까지 가지 않고 내가 있는 곳에서 참여할 수 있어서 마음이 편안했다.

교육이 시작되었다. 강사가 출석체크를 요청한다. 난 곧바로 채팅창에 '00팀 000 출석합니다'를 썼다. 나를 직접적으로 드러내지 않고 채팅으로 출석체크를 한다는 것이 너무나 마음에 들었다.

대면 교육이었다면 뒷쪽에 앉아 작은 목소리로 대답했을 텐데 그렇게 하지 않아도 되니 너무나 좋다. 평소에 원했던 것들이 비대면으로 바뀌면서 어느 정도 충족되고 있다. 무조건 대면을 해야 하는 상황에서는 불안감이 좀처럼 사라지지 않았고 뭔가 나의 부족함을 느꼈었는데 이제는 그런 생각을 하지 않아도 돼서 좋다. 그러고 보면 그동안 날 힘들게 한 것들은 '몇 시까지 어디로 꼭 와야 한다는 강압적인 명령들'이었다. 늦게 온다고 뭐라고 하고, 대답을 빨리 하지 않는다고 뭐라고 하고, 목소리에 힘이 없다고 뭐라고 하는 지적을 들었었는데 이제는 그런 것들이 중요하지 않게 된 것이다.
"난 비대면이 좋아요."

친구의 결혼식 연락

한동안 연락하지 않고 지내던 친구에게 오랜만에 톡이 왔다. 서로 안부를 묻는 짧은 대화가 끝나기도 전에 친구의 청첩장 링크가 전송되었다.

그럼, 그렇지. 갑자기 연락오는 것의 대부분은 결혼 알림이었다. Ctrl+C와 Ctrl+V를 사용한 것 같은 형식적인 안부를 묻는 대화를 몇 마디 더 하고 대화는 끝났다.

청첩장 링크를 타고 들어가 보니 낯선 여성이 낯선 남자와 웃고 있는 사진이 있었다. 살을 많이 뺀 것인지, 아니면 얼굴 시술을 받은 것인지 알아볼 수 없을 정도의 모습이었다.

결혼식 날짜를 보니 바로 다음 주. 참 일찍도 연락했다. 일정을 살펴보니 그 날은 중요한 학회가 있는 날이었다. 친구에게 메시지로 그 날 중요한 학회 일정이 있음을 조심스럽게 알렸다.
"바빠서 못 오면 어쩔 수 없지 뭐. 내가 너무 늦게 연락했지? 괜찮아."
그러고는 곧바로 다음과 같은 메시지가 왔다.
'마음을 전하는 곳 : 00은행 490-13-482734'
난 깊은 고민에 빠져들었다.
'오랜만에 연락왔는데 어떡하지? 무리해서 가야하나? 그냥 축의금만 보낼까? 보내면 얼마? 그냥 선물을 보낼까?'
한참 고민을 하다가 나의 결혼식 앨범을 찾아보았다. 그 친구가 왔었는지 궁금해졌다. 사진에는 없었다. 곧바로 결혼식 축의금 명부를 뒤졌다. 여기에도 없었다. 어쩌지?
옆에서 지켜보던 남편이 당연하듯이 말한다. "왜 가? 가지마. 계좌는 뭐야. 자기도 오지 않고. 그냥 무시해."
남편의 말에 마음이 편해졌다. 남편이 아니었다면 난 계속 고민에 빠져 결국 축의금을 보냈을 수도 있다. 나도 남편처럼 분명한 결정을 내리고 싶다. 나의 이런 우유부단함은 지인의 결혼이 있을 때 나를 더욱 힘들게 한다. 품앗이가 좋은 취지에서 생긴 것이지만 글쎄, 난 힘들다.

어린이집 교사

어린이집 교사의 어린이 학대에 대한 뉴스를 종종 볼 때가 있다. 뉴스 중간에 학대 영상이 나올 때에는 분노가 강하게 올라온다.

어느 날 어린이를 돌보게 되었다. 너무나 말을 안 듣고 아무 이유 없이 짜증을 낼 때에는 정말 한 대 때려 주고 싶었다. 그래서 아이들은 잘 때가 가장 이쁘다고 말하는 것 같다.

나도 감당하기 힘든 어린이를 겪을 때에는 어린이집 교사의 고충이 이해가 되고, 얼마 전 뉴스에서 본 학대 영상이 문득 떠오르기도 한다. 한편으로는 '그래도 어린이집 교사가 그러면 안 되지.'라는 생각을 하면서 나의 분노의 정당성을 찾아보기도 한다.

어린이집에 다니는 어린이들은 성인의 이성으로 도저히 이해가 되지 않을 때가 많다. 순간적으로 떼를 쓰고, 소리를 지르며, 침도 뱉는다. 교사도 갑자기 성질이 나 소리를 지르고 싶고 한 대 쥐어박고 싶기도 한다. 어린이집 교사라는 직업 자체가 이런 일을 많이 겪을 수밖에 없는 직업이다. 나는 S유형의 성격이 어린이집 교사에게 반드시 필요하다고 본다. 아이들의 갑작스러운 말과 행동에 모두가 화를 낼 때 S형은 화가 덜 나는 사람들이다. 오히려 그 아이의 입장을 더 생각하며 극단적인 행동을 절대로 보여 주지 않는다.

급변하는 업무를 할 때 느리다고 저평가되는 S형이 어린이집에서 아이들을 다룰 때에는 너무나 중요한 역할을 한다. 어린이집 교사가 원장을 위해서 존재하는 것이 아니고, 학부모를 잘 응대하기 위해서 존재하는 것도 아니다. 아이들의 미성숙한 행동을 다 품으며 하루 하루를 보내야 하는 직업인이지 않은가. 난 이 직업에 S형을 추천하고 싶다.

아이들이 종종 이런 말을 한다. "나 어린이집에 안 갈 거야." 부모는 어떻게 해서든 보내려고 노력한다. 아이의 속마음에는 이런 의미도 들어있다. "나 S형 선생님으로 바꿔 줘."

나보고 어떡하라고?

한의원에 갔다. 카운터에 아주 친절하고 아름다운 여자분이 접수를 받았다. 난 접수를 마치고 곧 안쪽으로 이동해 누워 침을 맞고 있었는데 어디선가 싸우는 소리가 들려왔다.
"손님이 오면 빨리 안쪽으로 들어오게 해서 공기압으로 발 마사지하는 것부터 시작하게 해야지…"
의사가 카운터 직원에게 질책을 하는 소리였다. 난 침을 다 맞고 원장실로 가서 상담을 받게 되었다. 의사 선생님은 나보고 뭐하는 사람이냐고 물었다. 나의 삶의 패턴을 확인하고 생활적인 조언을 하기 위해서 물은 것이다. 난 성격에 대해 강의를 하는 강사라고 말을 했는데, 갑자기 의사는 나에게 자신의 고민을 털어놓기 시작했다. 카운터에 있는 여자가 자신의 아내인데 너무 답답해서 힘들다는 이야기였다. 아내에게 뭔가 새로운 것을 계획하고 그것에 대해서 이야기를 해도 아무런 답변이 없다는 것이다. 피부에 좋은 한방비누도 만들고 다이어트에 도움이 되는 제품도 만들자고 아이디어를 말하면 아내는 아무런 답변도 하지 않는데 도대체 왜 그런지 나에게 상담을 하는 것이다. 난 아내가 어떤 유형인지 예상이 되었다. 분명 S형일 것이다.
"혹시 아내에게 왜 답변이 없는지 물어본 적이 있어요?"
"네. 너무 답답해서 물어봤어요."
난 어떤 답변이 올지 예상이 되었다.
"뭐라고 해요? 혹시 '나보고 어떡하라고?'라고 하지 않나요?"
"맞아요. 딱 그 말을 했어요."
남편은 아내의 답변을 듣고 너무나 황당해서 더이상 어떤 말도 하지 않았다고 한다. 왜냐하면 저 말을 할 거라고 상상조차 해 본 적이 없기 때문이다. 함께 한의원을 운영하고 있는데 아내의 저 말은 매우 무책임하게 들렸을 것이다. 정해진 일만 하지 주인의식이 없는 것 같은 실망감이 밀려오지 않았을까! 난 의사 선생님에게 조언을 해 주었다.

"S형인 아내는 정말 뭘 어떻게 해야 할지 몰라서 그렇게 답변을 한 거에요. 어떤 일을 벌이기를 원하지 않아요. 안정형은 원래 변화를 좋아하지 않습니다. 좋은 아이디어가 S형에게는 스트레스로 느껴질 거에요. 그리고 앞으로도 크게 바뀌지는 않을 겁니다. 물론 아내도 이런 자신의 모습을 고치고자 하는 의지가 있다면 바뀔 수 있죠. 하지만 지금은 S형의 모습을 많이 사용하는 것 같아요. 무작정 새로운 모습을 기대하고 강요한다면 계속 싸울 수밖에 없을 거에요."

그렇게 조언을 드리고 1년이 지났다. 1년 후에 또 침을 맞으러 그 한의원에 방문을 했다. 누워 침을 맞고 있는데 또 부부의 말다툼이 들려온다. 카운터에 있는 아내의 표정이 1년 전에 비해 많이 안 좋아졌다. 아무래도 의사선생님이 1년 전 나의 조언을 적용하지 않았나 보다.

제가 맨 뒤로 갈게요

우리 나라에서 치른 국제적인 큰 행사 중 초반에 치른 것은 '88 서울올림픽'과 '93 대전엑스포'가 아닐까 생각된다. 난 93년 대전엑스포가 개장했을 때 큰 기대를 갖고 그곳에 방문을 했다. 전혀 예상이 되지 않는, '엑스포'라는 처음 듣는 이름의 행사였다.

그곳에는 많은 전시관들이 있었다. 그 중에서 '에너지 전시관'에 들어가기 위해서 줄을 섰다. 몇백 명이 줄을 섰고 난 그 중간쯤에 있었다. 앞으로 최소 1시간은 기다려야 들어갈 수 있을 것 같았다. 그 당시에는 새치기를 하는 사람들이 많았다. 자신들의 일행이라며 중간 중간 계속 끼어들었고 그것을 바라보고 있을 뿐이지 뭐라고 따질 수 있는 분위기는 아니었다.

10명 정도 되는 노인 일행이 내 앞쪽의 어느 사람 앞에서 끼어드는 것을 보게 되었다. 그리고 좀 이따 다른 사람들이 그 지점에 또 끼어들었다. 뒤에서 기다리는 사람들이 끼어드는 그 지점에 서 있는 사람에게 따지기 시작했다.

"거기 계속 사람들이 끼어드는데 왜 그냥 보고만 있어요? 지금 뒤에 기다리는 거 안 보이세요? 당신 앞에서만 계속 그렇잖아요?"

그 소리를 들은 당사자는 얼굴이 빨개지더니 작은 목소리로 "제가 맨 뒤로 갈게요."라고 말하며 진짜 맨 뒤로 가는 것이다.

이 사람은 거절을 못하는 사람이다. 그래서 끼어드는 것을 계속 허용했고 그것이 뒷 사람들에게 미안하니까 자신이 맨 뒤로 가서 그 잘못에 대한 보상을 한 것이다. 인원수로 본다면 그것이 어떻게 합리적인 보상이 되겠는가. S형은 너무나 착하다. 실속을 차리지 못한다. 결국 그 S형은 당일 에너지 전시관에 들어가지 못했다. 똑같이 대전엑스포에 와서 누구는 10곳 들어갈 때 혼자 1곳 정도 밖에 들어가지 못한다.

"내 앞에 끼려고 하는 것은 다 급한 이유가 있어서 그렇지 않겠어요? 그런 행동을 할 때 많은 고민을 하고 했을 거에요. 그것을 어떻게 막아요?"

5부

C type

·

그것이 정말 감사할 일인지
결정적 한 방의 질문
다른 관점도 있겠지만
소중한 내 정보
청소는 기본
이런 걸 질문하는 사람은 손님이 처음이에요
진땀을 빼는 미팅
먼저 자신의 속마음을 드러내지 않는 사람
스포츠팀의 리더
인터넷 장의사
명절에 DISC 진단을 하다
다름 인정과 틀림 평가는 다르다
일본 사람
얹혀사는 것
콜라겐
빅데이터와 미신
심플라이프
사소한 대화는 힘들어요
맞춤법
출처가 없네요

그것이 정말 감사할 일인지

'감사합니다'를 말할 기회가 적은 유형은 C형이다. 이들은 통계수치를 믿기 때문에 무턱대고 인정을 하지 않는다. 감사해야 할 아무 근거도 없는데 인사 치레로 "감사합니다."를 말할 수는 없다. 확실한 근거가 있어야 한다.

누군가 수시로 "감사하네요."를 말할 때, C형은 그것이 정말 감사할 일인지 의심이 된다. 그것은 엄밀히 말하면 감사한 것이 아닌, 오글거리는 감탄으로밖에 들리지 않는다. C형은 '감사타령'을 하는 사람들에게 진짜로 묻고 싶다. "도대체 뭐가 감사해요? 단어 선택이 잘못된 거 아닌가요? 불만에 해당하는 상황을 제외하고 '감사'라는 단어를 너무 남발하는 거 아니에요?"

반대로 C형이 낮으면 부족한 이유로도 충분히 납득

이 되며 수긍을 잘 한다. 그래서인지 '기적같은 일'도 많이 경험한다. 하지만 C형에게는 기적이란 것이 특별히 없다. 모든 일에는 다 이유가 있기 때문이다.

결정적 한 방의 질문

매섭게 추운 어느 겨울날이었다. 여러 가족들이 함께 여행을 갔다. 우리는 경치 좋은 곳에 위치한 숙박업소로 향했고, 그곳은 식당도 함께 운영하고 있었다. 우리가 직접 고기를 굽지 않아도 되는, 가만히 앉아 차려준 밥상을 받아 먹기만 하면 되는 곳이었다. 만족스런 식사 후에 서로 칭찬을 하는 화기애애한 대화가 이어졌다. 식당 옆 황토로 지어진 숙소로 이동을 해서 대화를 이어 나갔다. 늦은 밤이 되자 하나 둘 잠을 자기 위해 방으로 이동하기 시작했다.

한참 후, 새벽 녘 웅성거리는 소리가 들렸다. 난방이 되지 않아 추워서 모두 깬 것이다. 초저녁까지만 해도 뜨거웠던 방바닥은 어느 순간 싸늘하게 식어 있었다. 영하의 기온, 그냥 버티기엔 너무 추웠다. 우리에겐 돌쟁이 아기도 있는 상황이라 바로 주인에게 전화를 걸어 상황을 설명하고, 신속한 조치를 요구했지만 문제가 쉽게 해결되지 않았다.

우리들은 저마다 자신만의 방식으로 해결하려고 노력을 했다. 어떤 사람은 "당장 짐 싸. 대리 불러."라며 빨리 다른 곳으로 이동하려고 했고, 또 다른 사람은 "사장님, 여기 아까만 해도 안 그랬잖아요. 보일러 끄신 거예요? 돌쟁이도 있는데 빨리 어떻게 좀 해 주세요. 어른들이야 어떻게든 버티지만 애들은 이 추운 날 자다가 무슨 봉변이에요? 애들이 자다가 춥다고 깨서 울잖아요. 전기장판을 주시던가, 온풍기를 주시던가 빨리 애들만이라도 춥지 않게 해 주세요."라며 주인에게 요구하는 식으로 대화를 했다. 또 다른 사람은 "난방이 왜 안 되는 거에요? 고장난 건가요? 당장 고칠 수 있어요? 아침까지 이 상황으로 춥게 지내야 한다면 저희는 숙박료를 지불할 수 없을 것 같아요."라며 돈 이야기를 꺼내기도 했다.

이런 가운데 펜션 주인은 오히려 우리에게 언성을 높이며, 한 번도 그런 적 없는 보일러가 왜 우리가 오니까 안 되는지 모르겠다고 한다. "대체 어떻게 사용하신 거예요? 뭐 만지셨어요?"라며 책임을 우리에게 돌리는 말도 했다. 젊은 사람들이 보일러 좀 안 된다고 이 새벽에 사람을 깨워 난리를 친다고 한 소리를 한다. 적반하장이다. 수리업자가 오지 않는 한 당장 고칠 수 없다고 막무가내로 말을 한다. 물론 숙박료 조정에 대한 언급은 없었다.

그때 가만히 듣고 있던 C형이 한마디했다.

"근데 사장님 여기 숙박업소 등록은 되어 있는 곳인가요?"

C형의 결정적 한 방의 질문은 주인이 빨리 나서서 해결을 하도록 만들었다.

다른 관점도 있겠지만

지금 내가 믿고 있는 것이 앞으로도 계속 맞을거라고 확신할 수는 없다. 분명 다른 정보에 의해서 지금 확신하고 있는 생각이 바뀔 수도 있다. 그래서 지금 말하는 것이 미래에도 동일하게 나의 생각이 아닐 수 있다는 것을 미리 밝히는 것은 현명한 행동이 된다. 신중하면서도 분석적인 C형은 말을 할 때 이런 점에 대해서 언급을 할 때가 있다.

"다른 관점도 있겠지만, 지금 저는 이렇게 생각합니다."

언제든지 새로운 관점을 통해서 자신의 생각을 바꿀 수 있다는 여지를 남겨놓은 것이다. 깐깐한 C형이 고지식하지 않고 합리적인 변화가 가능함을 보여 주는 표현이다. C형은 다양한 관점을 통해 자신의 '생각의 오류'를 줄이기 위해서 노력하는 사람이다.

점점 다문화 사회로 변하고 있다. 다양한 국가의 사람들, 문화, 음식이 섞이고 있다. 그런 사회에서 기존에 알고 있는 정보로는 부족함을 느낄 수밖에 없다. '다른 관점'을 받아들이는 모습, 멋지지 않은가.

소중한 내 정보

친구집에 놀러갔을 때의 일이다. 급하게 해야 할 작업이 있어서 친구에게 인터넷 와이파이 비밀번호를 물어보았다. 텔레비전 옆에 패스워드가 적혀 있다고 알려준다. 영문 대문자와 소문자, 숫자, 특수문자까지 포함해 무려 32자리의 비밀번호. 연거푸 입력해 봐도 비밀번호 입력 오류가 난다. 친구에게 왜 이리 복잡하게 비밀번호를 설정했냐고 물으니, 답변은 생각보다 단순했다.
"비밀번호는 비밀스러워야지!"
잘 생각해 보니 맞는 말이다. 약간 불편하지만 그럴 수도 있겠다 싶었다. 그런데 이 정도로 끝이 아니었다. 이렇게 복잡한 비밀번호를 한 달에 한 번씩 바꾼다는 것이다. 대단한 친구다. 불편함을 이겨 내는 보안 정신!

이 친구가 꼼꼼한 사람인 것은 알았지만 이렇게까지 과할 줄은 몰랐다.

모르는 발신번호로 친구에게 전화 한 통이 왔다. 친구는 잠시 듣더니 "그런데 제 번호는 어떻게 알고 전화하셨어요?"라고 물었다. 자신의 동의도 없이 자신의 개인정보가 수집되고 활용된 것이 너무나 불쾌했던 것이다. 그냥 끊어버리면 되지 않을까 하는 생각도 들었지만 이 친구처럼 정확히 따지는 것이 더 맞는 행동 같아 보였다. 소중한 내 정보인데!

청소는 기본

그는 집도 깔끔하게 청소를 하지만 자동차도 예외는 아니다. 먼지 제거를 위한 항균 물티슈, 차량용 공기청정기, 핸디형 무선 청소기는 필수로 가지고 있었다. 이 정도로 깨끗하게 청소를 하기 때문에 다른 사람이 자신의 차에 타는 것을 그리 반기지 않는다.

C형의 차를 탈 때에는 몇 가지 준수해야 할 사항이 있다. 흙 묻은 신발은 반드시 털어야 한다. 안 털어진다면 타지 말자. C형을 너무나 심난하게 만들기 때문이다. 또한 차 내부에서는 음식을 절대로 먹지 말자. 특히 과자를 먹고 손을 바닥에 턴다면 C형은 운전을 제대로 하지 못할 수도 있다. 마지막으로 창문을 손으로 만지지 말자. 지문이 묻는 것을 매우 싫어한다.

이런 규칙들이 준수되지 않을 때 C형은 불쾌한 심기

를 드러낸다.

반대로 C형이 남의 정돈되지 않은 차를 타게 된다면 어떻게 될까? 엉덩이는 공중부양을 하고, 숨은 최소한으로 쉴 것이다. 마치 결벽증이 있는 것처럼 보일 수도 있다. 그래서 C형은 남의 집에 잘 가지 않고 남의 차를 잘 타지 않는다. C형을 초대하려면 청소는 기본이다.

이런 걸 질문하는 사람은 손님이 처음이에요

친구와 함께 가전제품을 구매하러 할인마트에 방문했다. 판매 직원이 옆으로 와 선택을 돕는 것이 불편한 나는 "일단 구경하고 필요하면 말씀드릴게요."라고 말을 했다. 나와는 다르게 친구는 직원을 마치 개인 전담 비서처럼 데리고 다니며 핸드폰에 미리 적어놓은 질문리스트를 보고 일일이 물었다.

나중에는 직원이 지쳤는지 "이런 걸 질문하는 사람은 손님이 처음이에요. 제가 미처 이것까지는 준비를 못했습니다. 죄송합니다."라고 말을 하는 것이다.

친구는 본인만의 구매 리스트뿐만 아니라 가전 항목별 질문 리스트를 따로 가지고 있었다. 이 친구는 물건을 살 때 떠오르는 궁금증이 생기면 그것을 종이에 적는데, 그 양이 많아지면 따로 엑셀로 정리도 한다.

"와~, 물건 하나 사는데 뭐 그렇게까지 해?"
"왜? 잘 따져 봐야지."
C유형이 강한 이 친구는 질문을 정리하고 물어보는 것, 그것을 데이터화하는 것도 구매하는 것 못지않게 큰 즐거움이라고 말한다.
대형 벽걸이 텔레비전을 가리키면서 "나는 가끔 저 안에 뭐가 들어있는지 너무 궁금해서 분해해 보고 싶을 때도 많아."라고 말을 하는데, 그 순간 드는 생각, '내가 물건 살 때에는 꼭 너를 데리고 간다.'

진땀을 빼는 미팅

"첫 미팅이니까 간단하게 인사하는 정도로 생각하시면 됩니다."
하지만 간단하게 인사하는 정도의 만남이 아니었다. 신규 거래처와 그동안 메신저로만 대화를 나누다가 이번에 오프라인 미팅을 한 것이다. 담당자가 간단한 인사 정도의 미팅이라고 해서 큰 준비 없이 가벼운 마음으로 나갔는데 예상치 못한 C형을 만나 고생을 했다.
"그 지표는 확인할 수 있는 부분인가요?"
"통계 자료를 확인해 보고 싶은데, 지금 가능한가요?"
"보통 데이터는 어떤 식으로 도출하시나요?"
사실 나에게는 구체적인 데이터와 통계자료가 없었다. 계속 요구하는 숫자와 데이터, 자료 출처 때문에 진땀을 빼면서 미팅을 할 수밖에 없었다. 담당자가 마지막에 "결과보고가 어느 정도 괜찮게 나올 것 같네요."라는 긍정적인 피드백을 줘서 안심을 했지만 그래도 어딘가 찜찜했다.

C유형과 함께 준비해서 나갔다면 훨씬 좋았을 뻔했다. 이번에 진땀 빼는 C형과의 미팅을 경험하면서 다음에는 어느 업체와 미팅이 잡히더라도 꼭 이런 질문은 미리 물어보려고 한다.

"구체적인 데이터나 통계자료, 출처 등의 자료를 가지고 가야 할까요?"

먼저 자신의 속마음을 드러내지 않는 사람

사람을 사귈 때 신중히 따져보는 사람이 있다. 절대로 먼저 자신의 속마음을 드러내는 일이 없고, 상대방을 의심의 눈으로 바라보며 관계를 시작한다. 상대방은 자신이 생각한 거리보다 더 멀다는 점에 서운함을 느끼기도 한다.

시간이 지나면서 자신의 이야기를 조금씩 꺼낸다. 신뢰를 하고 있다는 증거다. 사람을 이리저리 재 보는 것은 신중한 C형의 모습이다. 태도가 다소 인간미가 떨어지는 것 같아 보이지만, 선뜻 믿었다가 나중에 실망하고 원망하는 것보단 낫다.

싫어했던 사람과 관계가 좋아지면 그것은 원래 관계가 좋았던 사람보다 더 좋은 효과를 보여 주기도 한다. 물론 C형이 이런 것을 알고 일부러 마음을 천천히 여는 것은 아니다. 상대에 대한 믿을 만한 정보를

다 얻지 못했기 때문이다. C형을 항상 까칠한 사람이라고 생각한다면 그것은 큰 오산이다. 처음에 멀었던 거리감이 점점 좁혀지면서 그들의 반전 매력은 시작된다.

스포츠팀의 리더

스포츠팀에서의 리더는 주로 강한 성격의 사람들이 맡았다. 그들은 거의 D형이라고 할 수 있다. 왜냐하면 스포츠팀에서 성과보다 중요한 것은 없는데, 그 성과를 가장 빨리 보여 주는 유형은 D형이기 때문이다. 스포츠는 대중에게 경기로 노출이 되고, 그 노출로 인해 인기를 얻게 되며, 리더는 승패에 의해 밥벌이가 결정된다.

그런데 요즘은 리더의 유형이 많이 달라지고 있다. D형보다는 C형의 리더가 늘어나고 있다. '빅데이터'라는 개념이 생겨나면서부터라고 볼 수 있다. 어느 순간부터 데이터의 중요성이 커졌는데, 스포츠쪽에서도 마찬가지로 데이터의 중요성을 인지하고 발빠르게 움직이기 시작했다.

프로야구를 예로 들면 전력분석을 전문으로 하는 조

직이 생겨났고, 이들이 만든 데이터를 선수들에게 적용하여 경기력을 향상시키고 있다. 이런 데이터 활용은 현재 국내 모든 프로야구 팀뿐만 아니라 아마추어 팀에서도 이루어지고 있다.

이제는 팀 내 데이터 전문가를 두는 것을 넘어, 최고책임자도 그런 사람으로 바꾸고 있다.

한 세대 전만 하더라도 C형이 스포츠팀의 리더를 할 거라고는 아무도 생각하지 않았을 것이다. 그 누가 데이터로 운동을 지도하고 팀을 운영하게 될 것을 예상이라도 했을까. 이제는 시대가 확실히 바뀌었나 보다. C형이 리더를 하는 시대로.

인터넷 장의사

인터넷은 우리에게 또 다른 세상을 만들어 줬다. 그래서 우리는 현실의 삶도 신경을 써야 하지만 인터넷 세상도 함께 끌고 나가야 한다. 인터넷 세상에서 가장 큰 문제점으로 나타난 것은 개인정보의 유출이다. 개인정보는 인터넷 세상이 현실 세상에 영향을 미치는 접점이 된다. 이런 영향을 줄이기 위해서는 인터넷 상에 있는 자신의 기록을 삭제하는 수밖에 없다. 그래서 나타난 직업이 '인터넷 장의사'다.

이 일은 매우 인내심이 필요하다. 한 자리에 앉아 긴 시간 동안 인터넷 세상을 돌아다녀야 한다. 꼼꼼함은 기본이고 고객의 비밀을 지키는 원칙 또한 필요하다.

인터넷 장의사의 업무는 인터넷 세상 속의 개인정보를 찾아내 그것만 삭제하는 단순한 일로 생각할 수도 있다. 하지만 이 일은 매우 신속하게 이루어질 필요가 있다. 왜냐하면 고객들은 인터넷 세상에 남아있는 자신들의 기록들로 이미 엄청난 스트레스를 받고 있는 상황이기 때문이다. 고객은 여유있게 언제든지 삭제되기만 하면 되는 그리 여유로운 마음상태가 아니다.

인터넷 세상은 절대로 사라지지 않을 것이다. 더 많은 개인정보의 보안이 필요하며, 이미 노출된 원하지 않는 개인정보는 삭제가 필요하다. 그것을 꼼꼼하게 처리할 수 있는 유형은 C형이다. 다른 유형들이 이런 업무를 처리하는 것은 쉽지 않다. 그래서 그냥 포기하고 지내는 사람들이 대부분이다.

'미래에 어떤 직업을 선택할 것인가?' 도 중요하지만, '미래에 어떤 성향도 필요할 것인가?' 도 그만큼 중요하다.

명절에 DISC 진단을 하다

명절에는 멀리 떨어져 있는 가족들이 다 모인다. 오랜만에 만나 어색한 인사를 하고 곧바로 거하게 식사를 하는 명절이 이제는 지겹게 느껴지기도 한다.
어느 명절에 DISC 검사지를 챙겨서 큰댁에 갔다. 연세가 많으신 분, 어린 아이만 빼고 모두 진단을 했다. 나온 점수를 통해서 누가 가장 주도적인 사람인지, 그리고 누가 사교적, 안정적, 신중한 사람인지까지도 알아보았다. DISC 진단 결과를 가지고 우리는 각자 서로의 모습을 연결해서 생각해 보는 시간을 가졌다. 어색하고 배부른 명절이 아닌 서로의 개인적인 이야기를 나눌 수 있는 명절이 되었다.
특히 각 성격 순위 발표에서는 긴장감까지 감돌았다. 어느 가족이 명절에 이런 진단을 하고 이런 대화를 할까? 그동안 너무 뻔한 명절을 보냈었는데, 이번

DISC 진단은 예상과는 다른 긍정적인 효과를 가져왔다. 명절에 분석하는 시간을 보내다니 모두 C형스러운 자료를 원했나 보다.

다름 인정과 틀림 평가는 다르다

'다름'에 해당하는 영어 단어는 different이고 '틀림'은 wrong이다. 굳이 영어로 언급을 하는 이유는 두 단어가 다르다는 것을 강조하고 싶어서다. 사람들은 이 두 단어를 혼동하여 사용하는 경우가 많다. 말을 한 사람의 의도가 그렇지 않다고 하더라도 듣는 사람이 오해를 할 수 있으니 단어를 정확하게 사용해야 한다.

'다름'을 인정하는 사람은 "저 사람은 생각이 달라서 저렇구나!"라고 말을 한다. 하지만 '틀림'을 평가하는 사람은 "아, 저 인간 또 저러네. 진짜 글러 먹었어. 왜 저렇게밖에 생각을 못 하지? 또 자기 혼자만의 생각을 밀어붙이네. 저 사람은 안 된다고."라고 말을 한다. 전자는 대화를 하며 배우는 것이 많지만, 후자는 갈등만 커진다.

그런데 다름과 틀림이 다르다는 이야기를 하면 듣기 싫어하는 사람도 있다. 이것을 말장난으로 여기는 것이다. 이 역시 두 단어의 차이를 인정하지 않는 것이고, 자신은 여전히 틀림 쪽을 사용하겠다는 것. 누가 과연 이 두 단어의 차이를 가장 잘 받아들일까? 그것은 C형이다. 항상 신중하게 따져보는 사람이기 때문이다.

이들은 원래 단어를 정확하게 사용하는 것을 좋아한다. 아마 위의 단어 차이를 가장 많이 주장하는 사람도 C형일 것이다. C형이 보기에 나머지 사람들은 아무리 정확한 것을 말해도 듣지 않는 사람처럼 보인다. 그래서 그들은 여전히 단어 실수를 하며 살아가고 있다. 이런 이유로 점점 C형이 리더로 등장하는 것 같다. 이제는 '나를 따르라' 하는 리더보다 정확하게 오류를 찾아 주는 리더를 더 원하기 때문이다.

일본 사람

일본 사람은 C형일까? DISC를 어느 정도 아는 사람들은 일본 사람을 C형이라고 말하기도 한다. 개인주의 성향이 강한 것이나 메뉴얼이 많은 것을 보면 C형과 일치하는 것처럼 보인다. 하지만 더 자세히 들여다보면 그렇지 않다는 것을 알 수 있다.

그런 특징을 몇 가지 살펴보면, 일본은 과거 역사의 잘못을 인정하지 않는다. 그래서 주변국과 함께 잘 지내지 못한다. 그리고 일본의 정치를 보면 거의 한 당이 독재를 하는 것과 같다. 그런 여당 체재를 국민들이 바꾸지 못한다. 또한 사법기관이 조사를 하면 개인은 변호사를 선임할 수도 없다.

한국 사람들이 보기에 불합리한 모습이 많다. 이런 점은 C형과는 너무나 반대되는 모습이다. C형은 정확하지 않은 것, 불합리한 것에 대해서 개선하고자 노력하는 유형이다. 하지만 일본 사람들은 그런 행동을 거의 취하지 않는다. 매우 극소수의 사람만이 그 이야기를 할 뿐이다. 그래서 정권을 잡은 일본 정치인은 그런 비판 의견에 전혀 겁을 먹지 않는다. 일본이 C형이 강한 국가라면 벌써 독일처럼 역사의 잘못을 인정하고 사죄하며 보상을 했을 것이다.

일본은 C형으로 보이고 싶어하는 것뿐이다. 자신은 합리적이고 논리적인 국가이며 주변 아시아 국가는 자신들보다 열등하다고 주장한다. 그래서 한일 간의 무역 마찰 같은 사건이 있을 때마다 그들이 하는 말이 있다.

"한국은 감정적으로 이 사건을 보고 있다."

정말 우리가 감정적으로 생각하고 행동할까? 이것은 일본의 전략적인 발언일 뿐이다. 그리고 어느 나라가 망언에 대해 감정적인 표현을 하지 않겠는가. 일본은 한국의 '일본제품 불매'에 대해서도 그런 판단으로 우습게 본다.

이런 점으로 판단해 보면 일본의 말과 행동은 매우 감정적이며, 일본 사람은 C형이 아니다. 단지 망언을 해 놓고 그게 망언인지 모르는 것이다.

얹혀사는 것

자식은 부모의 집에 오랜 기간 얹혀산다. 어렸을 때에는 매우 당연한 것이지만 30세 이상이 되어서도 얹혀살면 좀 이상하다.

형제들끼리 얹혀사는 경우도 있다. 보통은 미혼인 동생이 결혼을 한 형의 집에 얹혀사는 경우가 많다. 타지에서 집을 구하는데 어려움이 있어 일시적으로 그렇게 살기도 한다. 서로의 사정을 알기 때문에 불편하더라도 이런 거주 형태가 이루어진다.

하지만 영원히 그렇게 살 수는 없다. 직접 말로 표현하기는 어렵겠지만 서로 암묵적으로 다음과 같은 생각을 한다. 집주인인 형은 '어느 정도 안정이 될 때까지만 얹혀살겠지', 세입자인 동생은 '내년이 되기 전에 집을 알아봐야지' 라는 생각을 한다. 그래서 일정 기간 동안만 서로 돕고 도움을 받는 관계를 유지

한다. 그런데 문제는 세입자인 동생이 전혀 나갈 생각을 하지 않을 때 발생한다. 이것은 꼭 형, 동생의 관계만 해당하는 것은 아니다. 오빠와 여동생, 누나와 남동생, 언니와 여동생의 관계도 동일하다. 집주인인 형, 오빠, 누나, 언니는 기혼자이다보니 그 집에는 형님, 아주버님, 형수, 시누이, 형부라는 호칭을 가진 사람이 존재한다. 이들은 얹혀사는 기간이 길수록 힘들다고 느낄 수밖에 없다. C형은 누군가가 자신의 집에 얹혀사는 것도 좋아하지 않고 자신도 누군가의 집에 얹혀 지내는 것도 좋아하지 않는다. 물론 C형도 불가피하게 다른 사람의 집에 얹혀 지내게 되는 경우가 있지만 그 기간은 매우 짧다.

배우자가 C형인데 눈치 없게 동생한테 "계속 여기서 편하게 지내. 괜찮아. 우리는 너와 영원히 함께 지낼 수도 있어."라고 말한다면 배우자는 참다 참다 드디어 말을 꺼낼 것이다.

"언제까지 함께 사는 거야? 나 너무 불편하니까 다음 달 안으로 집 알아보라고 해. 내가 여러 번 힘들다는 힌트를 줬는데 전혀 모르는 것 같아 직접적으로 말하는 거야."

콜라겐

매년 신기하게도 새로운 건강보조식품이 나와 광고를 한다. 작년까지 나왔던 제품은 소리소문 없이 사라져 버렸고, 이번에 나온 것이 가장 획기적인 효과를 줄 것처럼 홍보를 한다. 홈쇼핑에서는 과장 광고를 하고, 동시에 건강지식 프로그램에서는 전문가들이 나와 그 성분의 효과를 강조해 홈쇼핑의 홍보를 돕는다. 이미 많은 사람들이 '짜고 치는 고스톱'이라는 것을 알아 버렸다.

콜라겐 제품 광고가 눈에 띄게 많이 나온다. 피부에 좋다고 하니 많은 사람들이 구입해서 바르고 먹는다. 하지만 의문을 갖는 사람들이 있다.

"바르면 그게 피부 속으로 확실히 흡수가 되나요?"

"흡수가 된다면 피부에서 계속 유지는 돼요?"

"이 콜라겐 마스크팩은 몇 % 함유인가요? 극소량만

넣고서 과장 광고를 하는 경우가 많잖아요?"

"콜라겐은 분자가 커서 피부로 흡수가 되지 않아 먹는 제품으로 바뀐 것은 알아요. 그러면 먹는 제품은 정말 콜라겐이 피부까지 도달해요? 그 근거 자료가 있나요?"

"콜라겐 분자가 커서 흡수가 안 되어 저분자 콜라겐이 나온 것은 알아요. 그런데 이 저분자도 먹으면 아미노산으로 분해되지 않나요?"

"먹으면 콜라겐이 100% 분해되지 않고 장에서 어느 정도나 흡수가 되나요?"

누군가는 이런 질문을 하는 사람에게 예민하고 까다롭다고 말할 수 있다. 하지만 고객은 콜라겐 제품을 왜 구입하는 것인가? 자신의 피부를 위한 것이다. 그 피부에 정말 도움이 되는지 아닌지를 알기 위해서 위와 같은 질문을 하는 것은 소비자로서 너무나 당연한 반응이다. 효과도 없는 제품을 구입할 이유가 없다. 이렇게 보면 허투루 돈을 쓰지 않는 유형은 오직 C형만 해당된다. 왜냐하면 나머지 유형들은 이런 질문을 하지 않고 구입하기 때문이다. 나머지 유형들에게 두 가지 방법을 추천한다. C형의 방법을 배우든가, C형에 물어 보자. 후자가 훨씬 쉬워 보인다.

빅데이터와 미신

"이 정도는 따져 봐야 하는 것 아냐? 왜 나보고 너무 따진다고 하지?"
C형들이 하는 고민이다. 자신이 문제가 아니라 다른 사람들이 너무 쉽게 결정한다고 생각한다. 그래서 설명을 해 주는데도 상대가 받아들이지 않아 답답하다. 느낌이 아닌 실제 데이터를 보여 주며 설명을 해 줘도 오히려 거부하는 모습 때문에 C형도 이야기하기를 꺼리게 된다.
이런 상황에서 빅데이터가 C형을 도와주고 있다. 빅데이터가 중요하다는 이야기가 여기저기 나오면서 사람들이 점점 관심을 갖게 되었다. 주관적으로 판단을 할 것이 아니라 실제로 데이터가 어떻게 되는지를 확인하고 그 결과를 믿자고 하니 C형이 평소에 주장하는 내용과 일치한다. 이전에 빅데이터를 근거로 대면 관심조차 갖지 않았던 사람들이 이제는 눈길을 준다. C형의 말이 점점 인정받는 쪽으로 가고 있다.

이런 시대적 흐름으로 가장 퇴물이 된 것은 미신이다. 10년 전, 20년 전을 생각해 보자. 지금보다 훨씬 많은 내용의 미신이 판단 기준의 자리를 차지했었다.

"밤에 손톱 깎으면 안 돼. 그리고 아무 곳에나 버리면 큰일나."

"밤에 휘파람 불면 뱀 나타나."

"다리 떨면 복이 달아나."

"다래끼가 나면 속눈썹을 뽑아 큰 돌 위에 올려놔. 지나가다 누가 그 돌을 차면 네 다래끼가 그 사람에게 가버려."

"이를 뽑으면 지붕 위로 던지면서 '헌 이 줄게, 새 이 다오'라고 외쳐야 해."

"시험 전 날 머리 감으면 안 돼."

"시험 보는 날 아침에 미역국 먹으면 떨어져."

위의 이야기가 기억나는가? 어렸을 때에는 사실인지 아닌지 확인하지 않고 따라 했지만 21세기 현재에는 추억의 이야기가 되어 버렸다. 그 당시에는 왜 저런 이야기들이 많았을까? 내용을 살펴보면 '재앙',

'복', '질병'에 대한 것이다. 사람이 쉽게 그 진실을 알 수 없는 내용이기에 풍문에 떠돌아다니는 이야기를 믿을 수밖에 없었다. 해 봤자 손해는 없다는 식의 이야기인데 지금은 왜 전혀 하지 않을까? 무의미하기 때문이다. '재앙'과 '복'이 그런 식으로 사람에게 임하지 않음을 알게 되었고, '질병'은 의학의 발전으로 전혀 관련성이 없음을 알게 되었다. 하지만 C형은 그 당시에도 그런 미신에 대해서 의문이 많았다. C형의 말 보다는 미신을 따르는 사람이 훨씬 많았던 시대다. 점점 C형의 생각법이 필요한 시대로 가고 있다. 자신이 이런 점에 약하다고 생각하는 사람이라면 일단 빅데이터에 관심을 갖자. 개념이라도 알게 된다면 큰 도움이 될 것이다.

심플라이프

명절 때 시댁, 처가댁에 가 보면 집 안에 짐이 많다는 것을 많이 느낀다. 필요한 것도 아닌 것 같은데 버리지도 않고 쌓아 두는 것을 보면 이해가 되지 않는다. 옛날 사람들의 특징이라고 치부해 넘기지만 공간이 좁기 때문에 답답함은 사라지지 않는다.

반대로 심플라이프를 누리며 공간에 많은 짐을 두지 않는 사람들이 있다. 이들은 소비를 별로 하지 않는다. 물건을 구입해 집 내부에 채워 두지 않는다. 이들은 C형이다.

공원에 가 보면 멋진 나무들이 곳곳에 있고 하천에는 거북이도 보인다. '이런 공간을 집 안에 작게라도 만들면 어떨까' 하는 생각을 하고 하나 둘 구입한다. 돈은 돈대로 들지만 더 큰 문제는 관리가 안 된다는 점이다. 구입한 식물은 점점 시들해져 죽어 버리고 거북이가 들어있는 물은 금새 탁해져 심한 악취를 풍긴다. 새로 구입해 이번에는 잘 키우겠다고 다짐하지만 반복적으로 관리가 되지 않는다.

C형은 이렇게 말한다. "그냥 공원에 가서 봐. 그것을 왜 집안에 두려고 해? 모두 집 밖에서 잘 자라는 것이라 집 안으로 가져오면 죽을 가능성이 크고, 그것들을 관리하느라 스트레스도 많아질 게 뻔해. 공원은 관리하는 전문가가 따로 있고 그 예산도 있어. 그래서 그냥 공원에 가서 즐기는 것이 가장 현명한 방법이야. 집은 절대로 공원이 될 수 없어. 그런 욕심을 갖지 말라고."

맞는 말이다. 왜 집을 공원으로 만들려고 했을까? 미련한 생각이었다. 단순하게 살면 돈도 아끼고 집도 지저분해지지 않고 스트레스도 줄어드는데 계속 집 내부에 채우려고 했다. 이제는 비우자. '언젠간 쓰겠지'라고 생각해서 버리지 못했던 것을 정리하자. 생각해 보니 몇 년째 쓰지도 않고 계속 쌓아둔 제품들이 너무나 많다. 방 하나를 다 차지해 사람이 들어갈 수 없다. 버리자.

이때 C형이 한마디한다. "무조건 다 버리면 안 돼요. 구입한지 얼마 안 된 소형 가전의 박스는 보관하세요. AS를 할 때 함께 가지고 가야 교환이 됩니다."

사소한 대화는 힘들어요

아내는 "외롭다.", "누구랑 사는지 모르겠다."라며 불평을 쏟아냈다. 또 한번은 "결혼 생활 내내 나의 말에 제대로 귀 기울여 주지 않아 무시당하는 것 같아."라고 말을 했다.

연애 시절에는 별 문제가 없었다. 그랬으니 결혼까지 하게 된 것인데, 결혼 후 시간이 지나면서 아내가 하는 말의 대부분이 실없다는 생각이 들자 나도 모르게 한 귀로 듣고 한 귀로 흘려버리는 경우가 많았다. 중요하지 않은 말, 너무나 당연한 말을 하니 내 입장에서는 듣기가 힘들었다. 그래서 경청하지 않았던 것 같은데 그렇다고 열심히 들어주는 것은 나에게 힘든 일이다. 그래서 난 나의 힘듦을 진지하게 말해 보기도 했다. 아내는 그런 나의 말을 듣고 뭐라고 대화를 이어 가면 좋겠는데 더 이상 아무 말도 하지 않는다.

이런 식의 대화가 쌓이고 쌓인 것 같다.

나의 대화 패턴에 대해서 곰곰히 생각을 해 보았다. 나는 건설적인 대화를 하고 싶다. 서로의 생각을 말하고 그 생각을 통해서 더 발전하고 싶다. 그래서 난 분석적인 대화, 논리적인 대화를 원하는데 아내는 이런 대화를 할 때에는 피하는 방식을 취한다. 매번 자신의 감정 표현만 하고 끝나는 것이다. 나보고 경청하지 않는다고 하지만 나도 다른 사람과 대화를 할 때에는 경청을 할 뿐만 아니라 더 깊은 대화까지 이어 나간다. 내가 아내를 무시하는 것이 아니라 대화하는 스타일이 너무 다르기 때문에 벌어지는 일이다. C형은 사소한 대화를 하는 것에 대해서 힘들어한다. 관심도 없고 그것에 시간을 쓰고 싶지도 않다. C형에게 사소한 대화도 존중해 달라고 할 수는 있지만 반대로 C형과 대화를 할 때에는 의미있는 대화를 해 달라고 말하고 싶다.

맞춤법

여자친구와 주고받은 메시지다.
"오빠, 오늘은 좀 어떼?"
"응. 아직도 열이 나네. 그런데 '어떼'가 뭐니? '어때'라고 해야 맞지."
"아, 빨리 쓰다 보니 그런 거야. 빨리 낳아."
"빨리 '낳아'가 아니고 빨리 '나아'라고 해야지."
"........잘 낫다."
"너 지금 일부러 맞춤법 틀리게 쓰는 거니? 아니면 정말 몰라서 그러는 거야? '낫다', '낳다', '났다', '낮다'는 구별할 수 있어?"
"됐어. 짜증나~"
"..."

출처가 없네요

아이가 게임을 하기 시작했다. 요즘은 게임으로 자기 앞가림을 할 수 있는 시대라고 하지만, 그래도 난 부모로서 걱정이 되어 게임시작 연령, 게임 접하는 계기, 게임이 아동에게 미치는 영향, 좋은 게임 추천 등의 자료를 찾아보았다. 난 아이에게 보다 건전하고 유용하게 게임을 즐기는 방법을 알려 주고 싶어 게이미피케이션 전문가 과정까지 신청했다.

* 게이미피케이션 : 게임이 아닌 분야에 대한 지식 전달, 행동 및 관심 유도 혹은 마케팅 등에 게임의 매커니즘, 사고방식과 같은 게임의 요소를 접목시키는 것

강연이 시작되었다. 강연자는 게임을 인간의 근본 욕구와 연결시켜 설명을 하기 시작했다. 인간은 지배욕, 자극욕, 균형욕이 있는데 게임이 바로 세 가지 근본 욕구를 충족시켜 준다고 설명했다. 그런데 그 내용에 대한 출처를 말하지 않았다.

이어서 코로나 발생 이후 집콕족이 늘어나 게임 사용자가 늘어났다는 것을 게임어플을 설치하는 유저들의 증가추세와 유료판매율의 그래프와 연결해서 설명했다. 이 역시 출처를 설명하지 않았다.

이어 게임은 상처받은 뇌를 위한 안식처라고 인지과학 관점에서 설명하는데, 이 이론에 대한 출처도 역시 찾아볼 수가 없었다.

난 이 강연자에 대해서 신뢰를 할 수 없었고 더 이상 들어줄 수가 없었다. '대체 강의자료를 어떻게 준비한 거야?', '전문가가 맞긴 한 거야?'와 같은 생각이 머릿속에서 계속 맴돌았다.

난 참다못해 강연자에게 말했다.

"출처가 없네요."

(강연자는 황당해 하는 표정을 지으면서) "출처는 나중에 메일로 보내 드릴게요."

나의 의문은 멈추지 않았다. 과연 메일로 출처를 보낼 수는 있을까? 왠지 없으면서 저렇게 말하는 것 같은데!

성격이 말하고 싶은 이야기
DISC가 말하는 네 가지 성격의 사연들

초판발행	2021년 2월 8일
지은이	김진태, 김혜경, 박소영, 이지선, 조명환
펴낸이	Leo Kim
펴낸곳	brainLEO
등록	2016년 1월 8일 제2016-000009호
주소	서울특별시 양천구 중앙로 324, 203호
전화	02) 2070-8400
홈페이지	opraseno.com
이메일	jint98@naver.com

©2021 brainLEO
ISBN 979-11-971585-1-3 03180
표지사진 Photo by Jessica Sysengrath on Unsplash

※ 책값은 뒤표지에 있습니다.
※ 잘못 제본된 책은 바꾸어 드립니다.